孩子，你在为自己读书

王学贤　殷锦杰◎编著

中国纺织出版社有限公司

内 容 提 要

读书苦，读书累，读书很无味……为什么要读书，为什么要认真学习？读书是为了谁？是为了父母，还是为了自己？读书能够让人变得聪慧、谦虚、有学识，成为一个优雅且出色的人。每个孩子都要在成长期认真学习，才能拥有一个灿烂的未来。

本书根据成长期孩子的特点，针对生活中很多孩子学习热情不高、动机不足的问题，结合发人深省的现实生活故事，帮助孩子认识到学习的重要性，教导孩子运用正确的方法学习，进而让每个孩子都能意气风发地投身到每天的学习活动中去！

图书在版编目（CIP）数据

孩子，你在为自己读书 / 王学贤，殷锦杰编著. --
北京：中国纺织出版社有限公司，2022.9
ISBN 978-7-5180-1626-6

Ⅰ. ①孩… Ⅱ. ①王… ②殷… Ⅲ. ①学习方法—青少年读物 Ⅳ. ①G791-49

中国版本图书馆CIP数据核字（2021）第262804号

责任编辑：邢雅鑫　　责任校对：高　涵　　责任印制：储志伟

中国纺织出版社有限公司出版发行
地址：北京市朝阳区百子湾东里A407号楼　邮政编码：100124
销售电话：010—67004422　传真：010—87155801
http://www.c-textilep.com
中国纺织出版社天猫旗舰店
官方微博 http://weibo.com/2119887771
三河市延风印装有限公司印刷　各地新华书店经销
2022年9月第1版第1次印刷
开本：880×1230　1/32　印张：7.5
字数：132千字　定价：49.80元

前言

　　每个成长期的孩子都必须要面对学习的问题，甚至每天都要学习。为此，一些孩子总是抱怨自己读书苦、读书累、读书很无味……其实他们之所以有这样的抱怨，是因为缺乏正确的学习动机或学习动机不足，在这些孩子看来，他们认为读书要么是为了父母的面子，要么是为了老师的名声，更有甚者是为了逃避父母的责罚或者得到父母的奖励。如果你这样认为，那么，你肯定会觉得读书、学习是一种负担，没有了学习动力，又怎么能学得好呢？

　　的确，很多时候，父母会逼着你学习，老师会催着你学习，周围努力的同学也会给你施加无形的压力，你会发现，玩耍的时间越来越少了，但你是否真的知道自己是为了谁而读书呢？

　　其实，学习是为了你自己，要知道，学习是人生永恒的课题，是伴随人们一生的事业，而当今社会更是一个需要人们不断学习的社会，知识的更新速度越来越快。曾有人说，"知识的半衰期仅为5年"，也就是5年之内，掌握的知识就有一半过时。这句话无疑警示你，要想在当今社会生存并发展下去，就必须要不断地学习，不断地充实自己，不断地更新自己的知识结构，否则，你只能被时代所淘汰。

为此，你必须从现在起端正学习动机、激发学习兴趣，更有意识地克服自己的不良习惯，把主要精力用于读书上。久而久之，就会发现读书学习的无穷乐趣，并使之成为一种自觉的生活习惯，用高效的学习方法，将知识串联起来，使自己获得提升。

本书就是从实用的角度，直面生活中很多孩子学习动机不足、兴趣不高的问题，切实提出了一些简单有效的解决方案，进而让孩子们认识到要努力抓紧时间学习的同时更要学会高效的学习方法，帮助他们激活每一点空余时间，轻松解锁更多技能。最后希望每个孩子都能获得有效提升，最终实现自我成长。

编著者

2022年3月

目录

第01章

激发学习动机，你要明白你在为谁读书

处于成长期的孩子们，当下的你最重要的任务就是学习，要想学习好，首先就要端正学习态度。你要明白一点，现代社会竞争激烈，竞争的本质就是知识的竞争，在竞争面前，只有提升自己，才是最有力的武器。正所谓，先付出，才杰出，要多学习、多吃苦、多研究。唯有如此，你才能练就非凡的技艺与能力。

孩子，你要明白你在为谁读书，为谁上学

　　生活中每个处于成长阶段的孩子，每天都要面临的一件事就是读书和学习，好好学习也是父母和长辈对你们的谆谆教导，然而，你是否问过自己这样一个问题："我为什么要学习？"

　　表面上看，这是一个很简单的问题，实则非常重要，因为一个人只有具备良好的学习动机，才有强烈的学习欲望。而相反，如果一个人没有良好的学习动机，不明白做事的目的，就很难产生强大的内驱力。也就是说，如果你不明白自己学习的动机，不明白读书的目的，就会把学习当成负担，把读书当成任务。

　　曾担任哈佛校长的劳伦斯·H.萨默斯教授在一次关于"学习力"的演讲中，讲了这样一件事：

　　他的小外孙叫吉文，已经上中学了，暑假的一天里，吉文和他的同学去郊游，正他们玩得正尽兴的时候，其中有个女同学大哭起来，说自己必须要赶回家了。

　　"天哪，我真该死，居然忘记了时间，我今天的功课还没有做呢。"这位女同学哭着说。

　　"这不是暑假吗？你怎么还要做功课？"伙伴们问她。

"这是我妈妈给我布置的作业，我要是不按时做完的话，她肯定会揍我的。"这位女同学哭丧着脸说。

看完这个故事，孩子们，你是不是也像这个小女孩一样，认为学习、努力学习是为了父母的面子、老师的名声？如果你这样认为，那么，你肯定会觉得读书、学习是一种负担，没有了学习动力，又怎么能学得好呢？的确，有时候父母是会逼你学习，会剥夺你玩耍的时间，会让你觉得不近人情，但你是否真的知道自己是为了谁而读书呢？我们再来看下面一个中学生的日记：

在我们家，爸爸负责赚钱养家，妈妈负责我的学习和家人的饮食起居，从我上幼儿园开始，都是妈妈在管我的学习，所以我一直认为学习就是为了妈妈。记得有一个周末的下午，我本来想出去和小伙伴们玩一下，但是妈妈告诉我必须要完成20道数学题才能出去，说完妈妈就去厨房帮爸爸准备晚饭去了，留下我一个人对付那20道题。我一看这么多，啥时候才能做完出去玩儿啊！等到做完了天不都黑了吗？于是我灵机一动，计上心来，我先做了前面5道题，正好赶上翻倒下一页，我就空着中间的一页题，然后把最后的5道题也做了，然后合上本子，跑到厨房，跟妈妈说："妈妈我做完了，我出去玩儿啦！"妈妈一听挺高兴，说："这么快，那好，去玩儿吧！"

感觉就玩了一小会儿，天就要黑了。我很不情愿地跟我的朋友告别，说好明天还一起玩儿，就回家了。

一到家，我就觉得有什么地方不对，只见妈妈沉着脸叫我进屋，问我："题都做完了吗？"我心虚地说："做完了。"妈妈生气了，问："真的吗？"我不敢说话，闷闷地站着。妈妈更生气了，说："你为什么要撒谎？你以为你学习是为了谁？"我还是不说话。只见妈妈一下子冲到桌子前面，呼啦一下把我桌子上的笔、本子和书全都扫到地上，然后气呼呼地转身走了。我吓坏了，妈妈尽管对我比较严厉，但是从来没有发过这么大的火，就算是她打了我，我也没有这么害怕过，因为每次妈妈打完我还是要过来哄哄我的。我一个人呆呆地站在那里，不敢动也不敢说话，心想：要是以后妈妈再也不管我学习了可怎么办？屋子里渐渐暗下来，妈妈没有来，也没有别人来叫我去吃饭。

就这样不知道过了多久，我收拾好散落一地的书、本子和笔，鼓足勇气走到妈妈面前，对妈妈说："妈妈，我错了，我不该骗您，以后我不这样了。"妈妈当然马上就原谅了我。

虽然那次妈妈没有打我，但是真的把我吓坏了，而且从那以后，我再也没有骗过妈妈。但是，学习究竟是为了谁呢？

的确，很多孩子都对自己的人生感到迷茫，不明白自己为谁读书、为谁学习，更多的则认为是为父母学习，为了给父母争面子。而这种学习态度直接导致了他们对待学习和生活冷漠，没有热情，对什么都没有兴趣，觉得整个世界都是没有意义的，整个精神状态看起来都无精打采，对什么都不在乎。

其实，你要明白，读书是为了自己。年幼的时候，可能你不懂为什么父母要你好好读书，但父母的社会经验告诉你们，在这样一个竞争十分激烈的社会中，没有知识，就等于没有生存的本领，每个人都在用知识为自己的未来打拼。寒窗苦读的过程的确很辛苦，但这是一个人立于世的必经过程。

有了这样的心态，即使在学习的过程中遇到了很大的压力，你也不会轻言放弃。不管怎么样，不要去抱怨父母什么，尽快调整自己的心态，自己的未来在自己的手中，谁也不能替你去主宰。未来，就在眼前，需要你努力加油！

知识改变命运，读书是为了获取知识，为了让自己未来的人生路走得更平坦。任何一个孩子，都要思考一下自己为什么读书、为谁读书。考虑清楚这个问题，当你明白自己为谁而读书，为什么而读书，你就会有一种向前的驱动力，你就会觉得学习是一种乐趣，也就能克服学习中产生的各种困难。你的学习积极性提高了，学习效率也就产生了。

🧑 尽早树立人生目标，激发学习动力

现实生活中，每个人都有自己的理想，并渴望成功，而最终能成功的人只不过是极少数，大多数只能与成功无缘，他们不能成功是因为他们往往空有大志却不肯低下头、弯下腰，不

肯静下心来努力学习，不肯从身边的本职工作开始积聚自己的力量。要知道，只有一步一个脚印，踏实、不浮躁地学习，才能为成功奠定基础。而实际上，这正是当今社会一些青少年们所欠缺的。有些时候，他们会怨天尤人，给自己制订那些虚无缥缈的终极目标。任何一个成功者，他们的成功都不是一蹴而就的，他们成功的不变因素都是努力学习，而他们努力学习的动力来源于根植于内心的人生目标，目标是一切成就的起点。

同样，人生才刚刚开始的孩子们，你也要尽早找到自己的目标，使之成为自己学习的动力。一个人，只有确立了前进的目标，他才会最大可能地发挥自己的潜力。除此之外，努力是实现目标的唯一途径，只有不断努力，我们才能激发出自己的创造性，才能锻炼自己，造就自己。

罗斯福是美国历史上最伟大的总统之一，他从小就患有小儿麻痹症。可就是这样一个在外人看来的残疾人，却在美国人获得广泛的人心与支持，成为美国历史上唯一一位连任四任的总统，四次实现了孩提时的梦想！

罗斯福虽然有身体方面的缺陷，但却有着超越于常人的艰苦奋斗的精神。在学校，即使他被同学嘲笑，他也没有失去勇气，他喘气的习惯变成了一种坚定的嘶声。他咬紧自己的牙使嘴唇不颤动从而克服了惧怕心理。

他很清楚自己身上存在的缺陷，他也不逃避这点，更不会因为这一点而自卑，相反，他相信，只要自己肯付出努力，就一定能获得成功。

终于，通过长时间的练习，他终于学会了用假声的方法来掩盖自己那无人不知的龅牙。在演讲中，虽然他并没表现出任何惊人的地方，但他不因自己的声音和姿态失败。他的声音并不是那么的洪亮，他的姿态也不是那么的威严，甚至可以说，他的辞令也不是惊人的，然而，就在当时，他却是人们眼中最出色、最有力量的演说家之一。

听完罗斯福的故事，生活中的孩子，你是不是有所启示？一个人，昨天怎么样并不重要，重要的是今天，从今天起，你找到了自己的目标，并努力学习，你就能实现卓越。

人人都羡慕那些成功者，羡慕那些实现自己人生价值的人，其实，他们之所以成功，就是因为他们知道自己想要什么，并且，他们会不懈地努力。他们很早就知道一个道理，人立志，一定要趁早。一个人，没有目标，就像断了线的风筝，不知前方的路该怎么走；一个人，没有目标，就像一艘没有舵的轮船，只能随波逐流。

因此，每个孩子，你只有从现在起，树立一个精细、明确的目标并为之努力、奋斗，你才会认识到体内所蕴藏的巨大能力，才能最终实现自己的理想。

在哈佛的课堂上，曾听到这样一个故事：

很多年以前，有一位牧羊人，他带着自己两个年幼的儿子给别人放羊为生。

一天他们赶着羊来到一个山坡，此时，天空中一群大雁飞过，很快便消失在苍穹中。

小儿子眨着大眼睛问父亲："爸爸，爸爸，大雁要往哪里飞？"

"他们要去一个温暖的地方，在那里安家，度过寒冷的冬天。"牧羊人说。

他的大儿子感叹地说："要是我们也能像大雁那样飞起来就好了，那我就要飞得比大雁还要高，去天堂，看妈妈是不是在那里。"小儿子也对父亲说："做个会飞的大雁多好啊，那样就不用放羊了，可以飞到自己想去的地方。"

牧羊人沉默了一下，然后对两个儿子说："只要你们想，你们也能飞起来。"两个儿子试了试，并没有飞起来。他们用怀疑的眼神瞅着父亲。

牧羊人说，让我飞给你们看，于是他飞了两下，也没飞起来。牧羊人肯定地说："我是因为年纪大了才飞不起来，你们还小，只要不断的努力，就一定能飞起来，去想去的地方。"他的两个儿子牢牢记住了父亲的话，并且一直不断地努力，等到他们长大以后果然飞起来了，他们发明了飞机，他们就是美国的莱特兄弟。

这个真实的故事再次使我们坚信：一个人的内心中如果在年轻时就树立一个目标，并坚持不懈地为之努力，那么，他一定会是一位成功的人。

有理想、有追求、有上进心的人，一定都有一个明确的奋斗目标，他们懂得自己活着是为了什么。因而他的所有的努力，从整体上来说都能围绕一个比较长远的目标进行，他知道自己怎样做是正确的、有用的，否则就是做了无用功，浪费了时间和生命。显然，成功者总是那些有目标的人，鲜花和荣誉从来不会降临到那些没有目标的人头上。

可能有些骄傲者会认为自己年纪尚轻，立志为时尚早，而实际上，一个人只有尽早树立目标，才能尽早付诸行动，才能找到努力的方向。因为目标不会凭空实现，不采取具体步骤，就不可能发生任何事情。

总之，人只有树立了目标，内心的力量和头脑的智慧才会找到方向。目标是对于所期望成就的事业的真正决心。如果一个人没有目标，就只能在人生的旅途上徘徊，永远到不了任何地方。正如空气对于生命一样，目标对于成功也有绝对的必要。如果没有空气，人就不能生存；如果没有目标，没有任何人能成功。

主动学习，学习是自己的事

前面，我们已经提及了学习动机对于学习的重要性，的确在学习中，任何一个孩子，要想获得好心情和学习的热情，首先就要摆正自己的学习动机，唯有认识到学习是自己的事，并自动自发地学习，才能提升学习的效率。

知识改变命运，学习是为了获取知识，让自己未来的人生路走得更平坦。然而，一些孩子并没有认识到这一问题，因此缺乏学习兴趣，没有兴趣自然没有动力，更别说提升学习中的效率了。

英国哲学家培根说过："习惯真是一种顽强而巨大的力量，它可以主宰人的一生。"我们任何一个人，都要认识到学习的重要性，一定要在学习中树立正确的心态，从而通过教育培养一种良好的习惯。学习时，当你明白自己为谁而学习、为什么而学习，你就会有一种向前的驱动力，你就会觉得学习是一种乐趣，也就能克服学习中产生的各种困难，学习积极性提高了，学习效率也就提升了。

接下来，我们从这位家长口中了解下他的孩子是如何自动自发地学习的：

"孩子一两岁的时候，尽管离认字还早，我们就买了一些图画书，然后跟他一起'读'书，讲述书中的故事给他听，让他领悟读书的乐趣。从懂事起，我们就常跟他说，家长在不在身边都要认真学习，学习不是为家长，也不是为老师，只有把学习当作自己的事情，才能把书读好。从小学开始，他就很自然地爱上了学习。每天下午放学回家，第一桩事情，就是完成老师布置的作业。我们忙于自己的工作，从不盯着他做作业，也很少去检查、订正他的作业。他如果把作业做错了，老师怎么要求他订正，他是一人做事一人当，从不找我们家长'要赖'，记得那时候，小学生放暑假（寒假）前，还要带回家一册厚厚的暑假（寒假）作业。放假没有多少天，他三下五除二，就把它们统统给解决掉，然后利用余下较长的假期，找课外书看或找小伙伴们玩。见他这样争气，我们也乐得省心，成了名副其实的'懒'家长。在学习的舞台上，他是主角，我们做家长的是欣赏者、喝彩者，偶尔帮他跑跑龙套，做一些学习资料搜集等服务性工作。"

的确，任何一个学习阶段的孩子，如果你想获得好的学习成绩，就要自主、自觉地学习。一个学生，只有把学习当作自己的事情，知道读书不是为了家长许诺的某种物质奖励，不是为了父母的面子，而是为了自己成长的需要时，他在学习和读书时才有一种内在的持续的动力。

因此，如果你不明白自己为什么学习、为谁学习的问题，那么，你就看不到学习的必要性，就永远也不会具有学习的动力，就会把学习当成负担，把学习当成苦差事。

因此，作为学生，要想提升学习学习效率，就要强化自己的学习动机，只有这样，你才能从你的内心感觉到你现在的学习是有意义的，对你和别人都是很有价值的。然后去不断地强化自己的感觉，让别人都感觉到你是很有热情的，逐渐愿意加强与你的接触，支持你所做的事情，很快你就会感觉到自己有一颗充满热情和热忱的心。

具体来说，你需要做到以下几点：

1.变"要我学"为"我要学"

激发深层次的学习动力，即进一步激发自己高层次的求知、创造和审美的需要。把学习当作自己高层次需要的满足，当作自己生命中不可缺少的部分，这个时候你的潜能的激发就能达到最高水平。

因此，你需要树立远大的理想和明确的学习目标，理想的层次越高远、目标越明确，提供的学习动力就越强劲越持久。

2.变"苦学"为"乐学"

培养学习的兴趣，明确学习本身的价值以及学习对自身今后发展的作用。在成功的体验中获得学习的乐趣。

3.变"学会"为"会学"

一是要认真研究学习方法，培养自学能力。二是要认真听取老师的学习指导，不断总结适合自身的学习方法。三是要取长补短，积极主动地和其他同学进行学习方法交流。

总之一句话，没有良好的内心学习动力，学习效率就会大打折扣。

你只有感兴趣，才能学得好

人们常说："兴趣是最好的老师。"教育心理学家认为：

"热情的态度是做任何事的必要条件。任何学生，只要具备了这个条件，都能获得成功。"一个人爱好学习，勤奋读书，就会学有所获。任何人，只要具备了学习的热情，无论外在条件多么艰苦，他们都能汲取到知识带来的营养。而如果你被动地学习，那么，你只能停留在知识的储存和记忆上，而不能正确地运用它，你的学习就是低效或者无效的。正如微软公司全球副总裁李开复说过，如果我们将学过的知识忘得一干二净，最后剩下来的东西就是教育的本质了。所谓"剩下来的东西"，是指自学的能力，也就是举一反三或无师自通的能力。

因此，作为学生的你，也应该努力培养自己对学习的兴趣，只有对学习有热情，你才能真正提高学习效率。的确，学习是枯燥的，但只要你努力专注于它，你就能逐渐产生兴趣。比如政治，因为它的理论性比较强，很枯燥，所以就多培养些对政治的兴趣。平时多关注些国家的大政方针，在遇到问题时，把自己想象成一个公务员，想象公务员是怎样解决问题的，这样政治就生动起来了。

那么，该怎样挖掘自己对学习的兴趣呢？我们先来听听高考状元们是怎么做的：

有位高考文科状元在谈到自己在中学的几门课程时说："我自小对历史和文学比较感兴趣，因此一直在历史和语文上得心应手，花费时间不多，收到的效果却很好。初中阶段一直对数理化缺乏兴趣，于是中考惨败。上高中之后我痛定思痛，认为兴趣在学习过程中扮演着一个相当重要的角色，兴趣也绝不仅是天生注定一成不变的。兴趣可以是与生俱来的，也同样可以是后天培养的，上高中后我就十分注意培养在数学方面的兴趣，尝试着一题多解和多题一解，尝试着从一道题中琢磨一类题的共性。这个过程开始是不自觉的乃至痛苦的，但历久成习惯，习惯成自然，在经历了一段苦不堪言的时期之后，我对数学的兴趣已不知不觉地产生了。"

从这名学生的陈述中，可以发现，兴趣是激发他们努力学习的动力，而他们对学习的兴趣也不全是与生俱来的。的确，兴趣是可以培养的，你们千万不要拿没兴趣作为搪塞自己的借口。

有些学生对某学科学得不好，成绩很差，问他们是什么原因，他会理直气壮地说："我没兴趣！"有些学生说："我对学习没有兴趣，我学不好，我不学了！"不想学习就说没有兴趣，不愿干的事也说对某事没有兴趣，这只是借口而已。

在培养兴趣这一问题上，你可以做到：

1.积极期望

积极期望就是从改善学习者自身的心理状态入手，对自己不喜欢的学习内容充满信心，相信它是非常有趣的，自己一定会对它产生信心。想象中的"兴趣"会推动我们认真学习它，从而逐渐对学习产生兴趣。

2.从可以达到的小目标开始

在学习之初，确定小的学习目标，学习目标不可定得太高，应从努力可达到的目标开始。不断的进步会提高学习的信心。

3.了解学习目的，间接建立兴趣，培养热情

学习目的，是指你要明白，学习的结果是什么，为什么要学习。学习过程多半都是要经过长期艰苦努力的，这种艰苦往往让人望而却步。如果你能对学习的个人意义及社会意义有较深刻的理解，就会认真学习，从而对学习产生浓厚的兴趣。

4.培养自我成功感，以培养直接的学习兴趣

在学习的过程中每取得一个小的成功，就进行自我奖赏，达到什么目标，就给自己什么样的奖励。有小进步、实现小目标则小奖赏，如让自己去玩一次自己想玩的东西；有中进步、实现中目标则中奖励，如买一本自己喜欢的书画或乐器等；有大进步、实现大目标则大奖励，如周末旅游等。这样通过渐次奖励来巩固自己的行为，有助于产生自我成功感，不知不觉就会建立起直接兴趣。

要有强烈的求知欲，才能快速成长

任何学习阶段的孩子，都希望拥有傲人的成绩、都希望学习效率高，都希望进入自己梦想中的学府学习，都希望拥有一个灿烂的未来。然而，要想获得好的学习效果，首先要有强烈

的求知欲，那些在学习上出色的孩子，无不有着孜孜不倦的求知精神，求知欲让他们不断成长。

的确，一个人一旦有了求知欲，就能产生学习兴趣和学习激情，就能以饱满的热情学习，学习效率自然也就提高了。

教育心理学家指出，通常在越感兴趣的事情里，人就越能发挥自己的天赋，越能做得持久。同时，兴趣与热情同在，人一旦有了热情，不但动机坚定，连做事效率也会提高。

一个学生问诺贝尔物理学奖得主丁肇中教授为何选择物理时，丁教授这样回答："人应该按照自己的兴趣来做，所以我选择了物理。"

科学研究表明，人一旦对某活动产生了兴趣和热情，就能提高这种活动的效率。古今中外许多科学家、发明家取得伟大的成就的原因之一，就在于由浓厚的认识兴趣所产生的强烈的求知欲望。

1912年，在伦敦的一个手工制造金饰品的犹太家庭，一个小男孩出生了，他的名字叫赫伯特·查尔斯·布朗。他的家庭为了躲避排犹，全家搬到了美国的芝加哥，并在那里经营一家小五金店，日子过得不算富裕。

在布朗还很小的时候，他的父亲就强调长大了必须要努力上进……这是犹太民族的教育方式，在经济状况不景气的情况下，他的父亲依然供他上学。

小布朗学习十分刻苦，放学后，别的孩子都在玩耍，而他还在学习。家里没有电灯，他就到路灯下学习。下雨的时候，就打着伞在路灯下学习。他的学习成绩进步得很快。布朗14岁的时候，父亲去世了，他不得不辍学回来经营五金店，但他依然没有放弃学习。

母亲知道他热爱学习，所以当他17岁的时候，还是送他去高中学习，虽然他已经三年没有到学校学习了，但是他依然凭借自己的勤奋以优异的成绩考上了赖特初级学院。

在大学期间，他对化学产生了浓厚的学习兴趣，教授十分看好他，并一直指导他学习，还建议他去芝加哥大学学习。

这对于十分困窘的布朗来说，是一件非常困难的事，因为他需要一边打工一边读书，只有靠奖学金才可以上学。后来凭借他的努力，他果真考取了奖学金进入了芝加哥大学化学系。

布朗进入芝加哥大学以后依然十分勤奋，仅用了九个月的时间就完成了大学四年的全部课程。大学毕业后，由于他的勤奋刻苦，他成了著名化学家斯蒂格利茨的助手。他一边工作一边读研究生，仅用一年时间就获得了硕士学位，又在第二年得到了博士学位。后来，凭借自己的勤奋，他在有机硼方面做出了独特贡献。1979年，他获得了诺贝尔化学奖。

人必须经过不断地学习才能在某方面获得成功，布朗就是凭借自己的勤奋才取得了如此骄人的成绩。

人类拥有巨大的潜能，而这种潜能的激发，在很多时候都来自一种强烈的追求，这就是求知欲。生活中的人们，也许你认为自己没有受到良好的教育、你的学历不高，但你可以有强烈的学习精神和求知欲，具有超强的拼搏精神，你就能做最好的自己！

莎士比亚是世界文学史上无人不知、无人不晓的人，他是英国伟大的戏剧家和诗人，他所创作的《罗密欧与朱丽叶》让无数人动容。

莎士比亚7岁时就开始读书，但他并不喜欢那些古板的祈祷文，而偏爱那些用拉丁文写的历史故事。

每年的五月是莎士比亚最喜欢的时间，因为每到这时候，就有戏班子演出，莎士比亚是他们的忠实粉丝，他总是如痴如醉地观看每一场演出，直到戏班子离开。

14岁那年，莎士比亚就从学校辍学，因为他不得不出来谋生。随后，他做了很多的工作，比如他曾在父亲的店铺里帮忙，在码头当苦力，也做过售货员，但他发现，自己对这些工作一点兴趣也没有，实际上，这是因为在他的心中，对戏剧的热情一直没有磨灭。

后来，莎士比亚在戏院找到了一份做杂务的工作，他主要的任务是看管那些有钱人的马车和衣帽，在后台给戏剧演员们服务，但就是这样，他已经很开心了，因为他可以直接接触到戏剧了。一有时间，他就看演员们排练，这里成了他的戏剧学校，这里也孕育了一位名垂青史的戏剧大师。

1592年的新年，对于莎士比亚来说是个难忘的日子，他的剧本《亨利六世》在伦敦最大的三家剧场之一——玫瑰剧场上演，莎士比亚一炮打响了他的名声。很快《理查三世》《威尼斯商人》《温莎的风流娘儿们》《哈姆雷特》《奥赛罗》《李尔王》相继上演。悲剧《哈姆雷特》的轰动效应，更使莎士比亚登上了艺术的顶峰。

莎士比亚为什么能在戏剧上取得如此巅峰的成就？可以说，是求知欲推动他不断学习、不断拼搏和努力的，最终，他成就了自己的梦想，达到了人生的辉煌。

的确，求知欲是让我们产生学习兴趣的原动力，有了兴趣，才有无穷的动力使你在某个领域当中越钻越深；有了兴趣，才有勤奋，有了勤奋，才成就了辉煌和成功。

对于学习阶段的孩子来说，也要挖掘自己的求知欲，当然，求知欲的获得来自深刻的自我剖析。一个人，只有看清楚自己的缺点和不足，才能把自我剖析的手术刀滑向心灵的深处，才能对心灵进行一番追问：我的缺点到底在哪里？明天我将如何努力？有这样一句格言说得很好：一个目光敏锐、见识深刻的人，倘又能承认自己有局限性，那他离完人就不远了。

缓解压力，把学习当成一件快乐的事

丁丁今年六年级了，学习任务比以前重多了，就连最爱的足球，丁丁也没有时间去踢了。

最近，马上要小升初考试了，紧张的临战气氛和来自老师、家长和学校等多方面的压力，让丁丁觉得喘不过气来，丁丁爸爸是个细心的人，他看出来儿子最近的变化，找来儿子，开始帮助儿子解压。在一个周末，父子俩一起去爬山，爬到山顶的时候，爸爸对儿子说："当心理状态不佳时，你可以暂时停止学习，放松一下，有一些小窍门会起到立竿见影的效果，如深呼吸、绷紧肌肉然后放松、回忆美好的经历、想象大自然美景等。考前一定要注意劳逸结合，学习之余可以去上网、爬山、聊天、听广播、看电视甚至蒙头大睡，这样既可以暂时转移注意力，也可以缓解大脑的缺氧状态，提高记忆力。这些方法都可以释放内心的压力，记住，劳逸结合，学会缓解才能学习的更好。"

"谢谢爸爸，我知道该怎么做了。"

果然，丁丁又和以前一样，什么时候都精力充沛，学习上又有了更足的劲头儿了。

学习压力对学生来说，表现在两个方面，一方面是适当的压力会激励他们，另一方面是过高的压力会使人崩溃，所以减压显得非常重要。和案例中的丁丁一样，不少孩子都感到学习压力大，为此必须学会放松自己，没有过重的心理负担，才能运转自如地学习。

因此，作为学习阶段的孩子，你要明白，只有轻松自如地学习，学习才有乐趣，才会更有效率。这就需要你们积极进行自我调控，一旦产生障碍，形成压力时，就要适当放松自己，那么，有哪些方法可以让自己的内心平衡起来呢？

1.自我鼓励，获得自信

无论做什么事，自信对于一个人来说，都是极其重要的，这关系到一个人的潜能是否能被挖掘出来。很多的科学研究都证明，人的潜力是很大的，但大多数人并没有有效地开发这种潜力，假如你有了这种自信力，你就有了一种必胜的信念。相反，一个人如果失掉了自信，那他就会一事无成，而且很容易陷入永远的自卑之中。

不少孩子在学校的学习活动中或在家庭生活中，常常会遇到不愉快的事情，你可以使用自我命令、自我暗示、自我鼓励的方法控制紧张的情绪反应。比如多看一些名人事迹，注意摘抄一些格言警句等。

2.适度发泄

负面的消极情绪一旦产生，切莫闷在心里。尤其是性格内向的学生，要设法宣泄出来，如找人倾诉、记日记或者运动，也可以大哭一场，总之，不能闷在心里。

3.寻求补偿

补偿是指自己在某一方面有缺陷，选择其他方面的成功来代替。如有的学生在学习方面受挫，但却在音乐方面有专长。你应该善于发现自己的优点和长处，这样，心理不适和挫折感就减轻了，实现了心理平衡。

4.多与老师、同学以及家长沟通

同龄人之间有相同的经历，说出来可能惺惺相惜，有助于排解紧张的心理情绪。可以与老师进行沟通，你的经历可能是老师曾经遇到的某种案例中的一个，他的一句话可能就会让你豁然开朗。

5.掌握减压的方法

怎么减压呢？每个人都会有一些释放压力的小窍门，无论采用什么方法，只要能解决问题就是好的。比如进行深呼吸，集中注意力，放松从头到脚的肌肉。这个过程可以是几分钟，在课间就能完成。

6.劳逸结合

首先要保证睡眠，晚上不开夜车。如果睡眠不足，要抽出时间补回来。另外，要适当参加运动。若时间允许，可在平时唱唱歌、跳跳舞或者参加一些集体娱乐活动。在看书做作业中间，可以做做深呼吸、向远处眺望等。

学习阶段的孩子，你还可以通过自我暗示减压。怎么暗示自己？比方说这种压力对我来讲，没什么了不起的，大家都跟我一样有压力，就看谁能够调节过来。当你认为你跟大家都一样的时候，你的压力马上就会减轻。如果早上你觉得特别烦的时候，特简单的减压办法就是格外认真地把脸好好洗洗，然后照照镜子，拍一拍："我觉得今天脸很清爽，我感觉今天神清气爽。"

不喜欢这门学科，你该怎么学

俗话说，兴趣是最好的老师。在学习中，兴趣是一种强大的动力，一旦人们对某一学科产生兴趣，就会促使他们积极探索，克服困难，直至成功。许多科学家在某一方面取得显著成绩，也是与他们的兴趣密切相关。因此，在学习中培养学习兴趣是十分重要的。人的兴趣是在后天中逐渐形成和培养起来的，学习兴趣也不例外。

然而，每个学龄期的孩子，都要面对升学的压力，努力学习的动力之一也是为了以后能考上一个好的高校，因此，大部分学科都是枯燥的，再加上一些学生可能不喜欢某门学科的老师，或者学习底子差，进而逐渐开始不喜欢这门课，而对学科没有兴趣反过来也让他们的没有学习动力，学习成绩自然会下降。

"我在学习上有一个烦恼，有些学科，比如英语、历史等，不知为什么就是无法产生兴趣，我也知道这是不对的，我该怎么办？"

可能有不少高中学生都有这样的烦恼，对于自己不喜欢的学科，越是不喜欢，就越不想学，久而久之，导致自己学习成绩越来越差，那么对于不感兴趣的学科应该怎样对待呢？

第一，正确认识不同学科的价值和意义。

你不喜欢某一门学科，可能是因为你对这门学科的重要性认识不足。而且有些课的内容本身枯燥，不一定是老师的责任。但是如果你承认它"有用"，那么就必须学习。学会去做好不喜欢做的事情，也是走上社会之后必修的一课，不能任性地逃避。

曾经有一个中学生，在中学时并不喜欢生物课。后来回到家乡，有一次，邻居饲养的鸡群突然发生疾病，他利用所学的知识帮助邻居解决了问题。这时他发现了知识的作用，从此刻苦钻研，后来成为远近闻名的兽医。

从这个事例中你是否能够得到一些启发？比如，你不喜欢英语，但英语是一门工具课，无论你将来从事何种职业，都是必需的。如果你等到需要用的时候再努力，就失去了最佳的学习时机。再比如，学历史这个问题，也许你会说，我将来准备搞理工科，不知道历史知识没关系。那么，我们不妨再来看一个真实的故事：

在2000年的高考中，获得福建语文单科"状元"的恰恰是一名理工科学生张汉威。他在作文《诚信》中旁征博引，列举了古今中外大量的事例，如西安事变、周幽王烽火戏诸侯等事例，以翔实的材料阐述了关于诚信的重要性和必要性，从而获得了高分，这是因为他平时阅读了大量的历史书籍。谈到学习成功的秘诀，他认为，其一，千万别偏科，这样才能"东方不亮西方亮"；其二，看书，了解国计民生，现代学科越来越倾向于文理渗透。事实证明，一个人的知识过于狭窄，往往不利于将来的发展。

因此，每个孩子都也要以张汉威为榜样，要能够从更高的视野，去看待不同学科的价值与作用，并且学好它们。

第二，假装喜欢这些学科。

人的态度对学习是很重要的，有时态度决定一切。心理学的研究表明，当一个人对某一事物不感兴趣时，可以假装喜欢，告诉自己，其实我挺愿意去做这件事的。这样一段时间以后，你就会在不知不觉中改变自己的态度，变得对这件事情感兴趣了。你是否也愿意尝试一下，说不定你也会出现这个奇迹的。

第三，你不喜欢这些学科，可能与学习成绩有关。

其实很多东西，在你不会，没有获得成就感的时候，往往是"没意思"的；如果你迫使自己去学习，并获得进步，这时可能就能发现兴趣。

如果你在这些学科上，学习成绩不太理想，不要过分焦虑，不妨降低一点目标，采取逐步提高的办法。同时，也可以了解一下别人的学习经验，加以借鉴。要相信，一分耕耘，一分收获。当你的成绩有所进步时，你的信心会因此得到增强，学习兴趣也就相应地得到了提高。

总之，你需要明白的是，所有的课程，都是你向别人学习的机会。三人行必有吾师，因此，无论你喜不喜欢一门课，你都要努力培养自己学习的兴趣，只有这样，你才能真正端正态度努力学习。

第02章

学习贵在细水长流，成绩并不是最后那张考卷的分数

所有学习成绩优异的孩子，都有一个共同点：他们总是利用一切可以利用的时间学习。因为他们深知，学习是一个长期的、需要点滴积累的过程。任何一个学习阶段的孩子，都要有良好的学习态度和学习方法，只有这样，才能取得良好的学习效果。

🧑 成绩并不是最后那张考卷的分数

相信任何一个成长期的孩子都知道，学习是学生的天职，每个学生都对自己的学习成绩尤其是考试分数很在意，很多时候，成绩似乎是学生的人格和面子。而其实，真正的成绩并不是最后考卷上的分数，而是在努力过程中汲取的知识，考试成绩也只是检验学习效果的一种手段而已。因此，无论如何你都不能为了所谓的分数而学习，而更应该重视努力学习的过程，并要告诫自己，每天进步一点点，不断积累知识，就能实现自我突破。

每天进步一点点，看似没有冲天的气魄，没有诱人的硕果，没有轰动的声势，可事实上，却体现了学习过程中一种求真务实的态度，每天进步一点点，是实现完美人生的最佳路径。

哈佛大学的老师常在课堂上对学生说："成功不是一蹴而就的，如果我们每天都能让自己进步一点点——哪怕是1%的进步，那么还有什么能阻挡得了我们最终走向成功呢？"的确，无论是学习还是追求成功，水滴就能石穿，每天进步一点点，并不是很大的目标，也并不难实现。也许昨天，你通过努力学习获得了可喜的成绩，但今天你必须学会超越，超越昨天的你，你才能更加进步，更加充实。人生的每一天都应该充满新鲜的东西。

1985年，在美国的职业篮球联赛中，双方局势已经十分明显：洛杉矶湖人队队员有着出色的球技，对于他们来说，拿下冠军毫无悬念。但到最后的决赛时，湖人队却败给了波士顿的凯尔特人队，这让所有的球员和教练派特·雷利感到十分沮丧。

派特·雷利是一名金牌教练，他不会让这些球员们继续消沉下去，所以，为了鼓舞士气，他给大家打气："从今天开始，我们能不能各个方面都进步一点点，罚篮进步一点点，传球进步一点点，抢断进步一点点，篮板进步一点点，远投进步一点点，每个方面都进步一点点？"球员不假思索地答应了他的要求。

接下来，派特·雷利带领球员们进行了为期一年的训练，这一年内，所有球员始终抱着让自己"进步一点点"的精神，不断地提高自己的球技。

终于，就在第二年，也就是1986年的美国职业篮球联赛中，湖人队轻轻松松地夺得了冠军。

派特·雷利在庆功时，对所有球员们说："我们今天之所以能成功，绝非偶然，当初，我说我们要做到每天进步一点点，是啊，我们一共有12位球员，有五个技术环节，每个环节我们进步1%，所以一个球员进步了5%，全队就进步了60%。在球技上处于巅峰的湖人队，提升了60%，甚至更高，所以我们获得出人意料的成绩是理所当然的。"

看完湖人队取得成功的故事，你应该有所启示，只要你每天进步一点点就已经足够，因为成绩并不是最后那张考卷上的分数。"不进则退"，只要是在前进，无论前进多么小的一点都无妨，但一定要比昨天前进一点点。人生也必须每天持续小小的努力，才能有所成就。

的确，对于学习阶段的你们来说，考试成绩也十分重要，在校园里就流行这样几句话："考考，老师的法宝，分分，学生的命根""学生学习的动力是什么，老师教学的方法是什么？""学生，最关心的就是分数，老师最关心的也就是考试"，这些流行语也形象的反映了分数的重要性。升大学要考试，要凭分数来录取你，考个高分，就能上个名牌大学，考不好，即使是差0.1分，你也名落孙山。所以，很多孩子也急功近利地只要分数。只要考试成绩好，一切就万事大吉，甚至有一些学生，平时不努力，到考试时就投机取巧、走捷径，他们忽视了真正的成绩其实在学习过程中获得的知识，而不是分数。

其实，不仅是学习，做任何事，成功就是每天进步一点点——只要我今天比昨天进步一点点，明天能比今天进步一点点，这样的过程就是成功。

我们不妨再来看下面一个故事：

每年的下半年，学校都会举行一次学生最佳优秀奖的颁奖活动，一班也进行了评选活动，结果，成绩并不怎么样的王佳佳却被选上了，很多同学不解：为什么王佳佳会被选上呢？

后来，就这一事，班主任老师还在班上进行了一次公开讲演："我知道，班上很多成绩好的同学会认为，凭什么让王佳佳拿这个奖，她成绩又不是最好的，可是，同学们，你们看到了王佳佳的进步了吗？去年这时候，她每次考试都不及格，这个学期，她总是来得最早的，教室里第一个读书的就是她，放学后，她还会来找我请教问题，另外，这个学期组织的几次会考中，王佳佳每次都有进步，她的学习态度非常好，每次交上来的作业也非常工整……"老师说完这些以后，班上鸦雀无声。

班主任老师接着讲："我们不能以分数论英雄，学习成绩好固然好，但我们更注重每个学生的进步，因为学习知识是一项长期的过程，需要你们做到持之以恒……"

的确，考试只是检验学习情况的一种手段，是一项比较单一的检测，这基本上是对学生学到的书本知识的抽查。分数永远只是个形式和手段。它不能证明你真正学到了多少知识，更不是衡量成绩的唯一标准。

每个学习阶段的孩子，在学习的过程中，都不要只盯分数，而要看学习效果。因为真正的成绩是点滴的进步，只要你坚持学习，每天进步一点点，做到从小成功到大成功的积累，你就会不断积累信心，就能实现最终的突破。

集中精力，听好每一堂课

我们都知道，每一个孩子的学习生涯基本上都是在课堂上度过的，是否能把握好每节课的45分钟，直接关系到你学习效果的好坏。如果你在课堂上能基本掌握所学的基础知识和技能，那么你在课后复习和做作业上都不会遇上困难；如果上课时不注意听讲，没听懂老师所传授的知识，那么，即使是原本只需要几分钟就能搞懂的问题，可能你需要花上几倍的时间才能补上。

事实上，任何一个学习成绩优异的孩子，都很注重课后学习，但他们更明白课堂学习的重要性。因此，他们会为每一节课做好准备，也会在课堂上全力以赴。

那么，生活中的你呢？你是个认真听课的人吗？有句老话说的好："台上一分钟，台下十年功。"但对于学习，却不是如此，如果你认为上课可以不听讲，课后再恶补，那么你就错了。上课听讲尤其是有效率地听讲，才是提高成绩的引擎，而有的同学总是喜欢自学，上课不认真听讲，往往导致事倍功半，成绩无法提高。

玲玲和丹丹是同桌，巧的是，她们还是邻居，丹丹是班上的学习委员，而玲玲则学习成绩一般，这个学期，老师将她们的座位安排到了一起，这对于玲玲来说，可谓是"近水楼台先得月"了，和学习委员成了同桌后的她也铆足了劲儿搞学习。

其实，学习过程中，她也并没有怎么请教丹丹，她做得最到位的地方估计还是对丹丹的听课笔记"研究"得比较透彻，基本上每天晚上回家之后，她都会去丹丹家借笔记，这已经成了她的一种生活习惯。

"妈，今天该轮到你帮我跟丹丹借笔记了吧！"玲玲对在厨房炒菜的妈妈说。

"学习的事儿你怎么老来麻烦我啊？"妈妈开玩笑说。

"我这不是不好意思了嘛，天天跟丹丹借笔记，她会不会烦我了呢？"

"这我可不知道，我看你呀，还是自己上课要好好听，做好自己的笔记，不懂的再去问老师，这样，就不用跟丹丹借笔记了呀。"

"是啊，我也觉得自己的学习方法不对，为什么我花的时间比丹丹多，每天回来研究她的笔记，还考的没她好呢，就是因为我没有利用好课堂时间吧……"

"是啊，课堂时间才是最有效的学习时间啊。"

故事中的玲玲为什么总是找同桌丹丹借笔记？因为她没有把握好课堂的听课时间。而实际上，课堂教学是教学过程中最基本的环节。对于青少年阶段的你来说，学习科目的增加、单科学习时间的减少，无疑都导致你只有抓住课堂有效的学习时间，才能提高学习效率。

当然，正确的学习方法除了把握好课堂时间以外还有很多，但无论如何，把握课堂时间都是极为重要的。生活中，一些孩子，因为学习成绩不好，不得不让父母为自己报各种补习班，以为这样就能查缺补漏、提高成绩。实际上，那些在课后"恶补"的学生并不都取得了自己理想的成绩。这是为什么？其实，还是方法的原因。

那么，具体来说，你该如何做到把握好每一堂课呢？

第一，做好预复习、专心听讲、做好笔记等。

老师的授课是相当关键的，他给予学生的是经过筛选后的精华，并且有着很强的指导和启发意义。

人们都说："好记性比不上烂笔头。"青少年应养成勤记善记的好习惯。笔记可记：老师反复强调的、相似知识的对比、课文内容与现实相联系的时政知识点、分散知识的归纳综合等。

记笔记还要"记得精炼"。所谓"记得精炼"，指的是笔记的内容要有选择，有所取舍。老师讲课内容多，有的知识已经学过，有的是书本提示、注释中明白写着的，这些就不必记了。你不熟悉的、重要的，一定要记下来，不好理解的、有疑问的，可以在书上做个记号，便于课后思考或者问老师。

有很多孩子认为，要想学习成绩好，就要做到专心听讲、做好笔记、认真完成老师布置的作业。而其实，这还不够，最重要的还有预习，也就是说，在老师上课前，你要提前学习，要尽量运用你已经获得的知识和方法去主动地解决自己能解决的问题，把不懂的问题记下来，并在课上和老师、同学们一起讨论，这样，你对问题的印象才会深刻，也能增强自己独立解决问题的能力。

同时，练习也是必不可少的，并且要有一定的量，要通过听课和一系列同步练习或专题练习，将基础知识和基本阅读及写作技巧牢牢掌握。

第二，学会做课堂的主人，而非被动式地接受课堂知识。

最有效地听课方式是积极的、主动的，你要发挥在课堂上的主动精神，大胆提问，大胆发表看法，积极参加讨论。因此，正确的听课的做法是：

带着问题上课。如果你带着一些未解决的问题进入课堂，就保持着较强烈的求知欲。此时，你会集中精力听教师讲重点、难点和要点。

紧抓老师思路。学生听讲须注意教师讲课中的逻辑性。如果听时遇到某一问题没听懂可迅速记下来，此时不必死钻"牛角尖"，还要顺着教师的讲解去听，那个问题可课后思考或提问。

总的来说，听课是学习过程的核心环节，是学会和掌握知识的主要途径。对于每个孩子来说，在课堂上集中精力听好每一堂课，是学习好功课的关键，是取得好成绩的根本。如果你能做到认真听讲，做好笔记，你就能提高学习效率。当然，听课的方法很多，因人而异，只要是有利于提高听课效率的方法，就是最佳方法。

你要有自己的学习安排

教育心理学家指出，成长中的孩子，在智力上并没有太大的差别，但学习效果却有很大的不同，这是为什么呢？其中一个很重要的原因就是他们对待时间的态度和方法不同。学习成绩优异者更重视时间，也能比较合理地支配时间，而那些学习成绩差的孩子则时间观念比较差，或不懂得如何安排自己的时间学习。

的确，学习是一个长期的过程，需要做到珍惜一点一滴的时间，并学会合理支配时间，这样，才能形成一种能力，你才会掌握学习的主动性，从而高效地学习。

小风是个认真学习的孩子。在小升初考试结束后没有多久，在周围的孩子们还在畅享这个悠长假期时，他就已经开始新学年的准备工作了，其中，重要的一项就是培养自己支配时间的能力，毕竟，进入初中后，学习任务会加重，只有安排好自己的时间，才能既能学得好，又能学得轻松。下面是他的暑假日记：

"我的理想是和妈妈一样当一个英语老师。于是，我决定要在英语上稍微多花些时间。妈妈给我选报了新初一的英语暑假辅导班，提前适应中学英语的教学方式和学习内容。当然同时我也参加了语文数学课程的学习。对新课程不陌生，才能快速适应新初一的生活。除了学习外，我还爱体育运动，尤其是篮球。但是放假以后，我只能在每天利用傍晚的一点时间，在楼下的训练场里和爸爸对练一下。为了让我有更多的机会锻炼身体，妈妈还安排我每天早上到小区的游泳馆里面游一个小时。她说，有个好身体，才能应付中学繁重的学习压力。收效不错，因为最近打篮球，肺活量大增，跟爸爸比赛，总是轻松坚持到最后，那都是游泳的功劳啊！总之呢，我的暑假是充实的，进入初中以后，我也会合理支配自己的时间！"

正如这个男孩所说，他的暑假是充实的，的确，任何人，只有在自己的时间被充分利用的情况下，生活才是充实的，做事才是有效率的。对于孩子来说，随着年龄的增加，学习的任务会逐渐繁重，这就面临一个问题：怎样提高学习效率。

但事实上，很多孩子时间观念并不强，还是希望自己的生活和学习被老师和家长安排得妥妥当当，长此以往，他们会形成一种依赖心理，而这对于他们的身心发展都是极为不利的。为此，孩子们有必要从现在开始学会合理安排自己的时间。

首先，你需要认识到时间的重要性。

对于这一点，你可以从生活节律着手，可以在日常生活中，通过睡觉、吃饭等各种活动，利用生物性节奏，培养良好的生活节律。比如，你可以为自己制订一份家庭作息表，如早晨6点半起床，7点半准时出门……晚上8点前上床睡觉，保证自己晚上有10个小时的睡眠时间并持之以恒，也逐渐培养一种守时惜时的习惯，那么时间意识、时间观念的培养是水到渠成的事情。

其次，学会珍惜学习时间。

学习知识的过程是本身就是一个领会——巩固——应用的过程。在这个过程中，听课就是领会的过程，不能领会就谈不上巩固和应用，就必须"重新学习"，白白浪费不应该浪费的时间，而且往往事倍功半。这种学习我们认为是"捡了芝麻丢了西瓜"。这种情况的出现，很多时候是因为你认识不到课堂时间的宝贵，认识不到上课时间的相对价值。

另外，还有一些孩子虽然形成了认真听课的习惯，但不重视自习课的时间。自习课看小说、玩耍，这样的习惯干扰了对知识的巩固过程。对知识的巩固必须及时，趁热打铁，否则就会迅速大量地遗忘。还有的孩子珍惜上课、自习课时间，却浪费课余、课外时间，不重视知识的应用。知识的应用有课业练习、社会实践等。由于许多课余时间被浪费掉，课业练习达不到熟练的程度，也没能将所学的知识应用于实际生活中。这样的学习兴趣不浓，上进心不强，学习成绩依旧得不到提高。对于这些方面，你都有必要针对性地克服。

最后，学会懂得根据身体身心调节。

一些医学家通过大量观察证明：一个正常人的体温一天中有3次变化，人在上午和午夜头脑较灵活，下午处于瞌睡状态，下午6点到8点人体温度峰值过后，很多人感到疲劳，学习效率低下。因此，你要学会利用效率高的时间段学习较难的知识，在"低潮"时，用来看看课外书或处理其他事情。

总之，任何一个孩子都要记住："一寸光阴一寸金，寸金难买寸光阴。"从小培养自己的时间意识，能帮助你学会珍惜时间和管理时间，从而真正成为时间的主人。

功夫在平时，学习要注重积累

习惯的重要性早已毋庸置疑，而对于学习阶段的你来说，养成积累的习惯尤为重要。

有个学习优异的初中生是这样学习的：

这名学生很聪明，平时老师和同学们都觉得他不爱说话，在课堂上的表现也不是很踊跃，但每到考试成绩公布时，他的成绩总会令老师和同学们惊讶，尤其是那些文科的科目。

在一次班会中，老师让他向同学们分享学习的经验，这时，大家才明白他成绩优秀的原因。

他的学习方法是这样的：老师每讲完一节课，晚上他就会把老师所讲的内容复习一遍，并且每隔三四天，他又会把前面的内容大致复习一遍。由于复习及时，考试之前，他不用再像其他同学那样"开夜车""临时抱佛脚"，也能很轻易地取得好成绩了。

然而，我们不难发现，在学习上，不少孩子常常用"临时抱佛脚"的方法学习，即明天就要考试了或者离考试时间不远了，他们才对自己没有学好的科目进行突击学习。诚然，我们必须承认这种方法偶尔会帮你应付了考试。但实质上，这种方法并不能使你真正掌握知识。相信你也有这样的经验，一旦考试结束，你"临时抱佛脚"学来的知识立即又忘光了。其实，这种现象很正常，因为人的记忆规律显示，这种记忆只是临时记忆，过不了多久，它就会消失。所以，这种"临时抱佛脚"式的学习方法并不是科学的学习方法。

另外，你要培养积累的好习惯，就不能把眼光局限在学校中。哈佛大学的一位专家也指出：学校里学的东西是十分有限的，在工作中和生活中所需要的相当多的知识与技能，完全要靠我们在实践中边学边摸索。社会是更大的一本书，需要经常不断地去翻阅。作为新时代未来接班人的孩子们，也应该注意在学习的时候，将理论与实践结合起来，这样的学习才是智慧的学习。

课间，童童趁着休息的时间，拿起当天的《人民日报》看起来，蕾蕾看到后，赶紧说："语文老师还在班上呢，你怎么就敢看报纸呢，你看我们都在预习下一课呢！"

"下一课我晚上回去预习，前面一课老师今天讲不完，课间休息的时间看看报纸很好啊。"

"我妈妈要是知道我在课间看报纸，那我肯定完蛋了。"

"怎么会呢，你知道不，其实，要想学好语文，就要靠平时的积累，多汲取一些课外知识，看报纸就是一个很好的方式啊！"

"是啊，童童同学说得很对，你们在课间看看一些课外书或者报纸，老师是不会反对的，相反，老师还要鼓励呢。因为学习语文要靠平时的积累。拿我小时候来讲，我在父亲的督促下，经常阅读一些关于诗歌欣赏、散文、小说的报纸杂志。就这样日积月累，老师的语文成绩才提高了，后来就选择了语文教师这一个行业。"这时，语文老师走过来和他们聊了起来。

其实，不只是学习语文，对于其他科目的学习乃至课外知识和人生经验的获得，都需要孩子们做到积累。

对于成长期孩子们来说，养成积累知识的好习惯，需要你做到以下几点：

1.掌握好理论知识

这类知识即为从书本上学到的知识，只有强有力的理论指导，才能减少你在实践操作中的错误。要掌握好理论知识，需要积累。比如，你需要做到认真听讲。听课是获得知识的基本途径。

2.做好知识与能力的转换

你们只有将所学的知识转化为能力，才能不受知识的束缚，而对知识的学习也不会影响能力的发挥。

3.不要让理论知识束缚手脚，否定自己的能力

在面对一项工作时，一个人如果对有关知识了解不深，他会说："做做看。"然后着手埋头苦干，拼命地下工夫，结果

往往能完成相当困难的工作。但是有知识的人，常会一开头就说："这是困难的，看起来无法做。"这实在是划地自限。

4.多参加社会实践

参加社会实践，对于任何一个成长中的孩子来说，绝对不是什么形式主义，更不是走过场，你会在活动过程中得到许多的乐趣。真正的知识是对于一种事物发展规律的正确认识和经验，如果你什么社会生活的经验都没有，那所谓知识只能是书本上的"死"知识，而不是生活中真正的知识。这样的你也不能自立，更别说经受得住社会的洗礼了。

学习如逆水行舟，不进则退

我们都知道，现代社会对人才的要求越来越高。任何一个学习阶段的孩子，都必须要有不断学习和不断进步的意识。即使你已经是一个品学兼优的学生，你也不能骄傲自满，你也要在心中告诉自己，这还不是最棒的，还有下一次，下一次一定要做得更好！

在哈佛大学，有位著名的老师，他的名字叫沙尔，他曾经为学生们上过一次公开课，课堂开始时，他就说："我希望你们记住：最好的，在下一次。"接下来，沙尔教授对他的学生们说："同学们，你需要明白的是，现在你取得这点成就是微不足道的，也许你考入了哈佛，你就认为自己是最优秀的了，但你和现在的同学相比呢，退一步说，也许你现在还是最优秀的，但和其他人比呢？诚然，取得成绩应该为此高兴，这表明你进步了，但你依然需要时刻记住，自己还能做得更好！这样，才能更快地向理想靠近。"

其实，哈佛人之所以优秀，就是因为他们能做到不断超越，从不自满。这一点，值得所有孩子学习。有个叫雷石东的人，他曾入围了2008年美国知名财经杂志《福布斯》评选的哈佛大学毕业的亿万富翁。

在他很小的时候，他就在语言上表现出了常人所没有的天赋——别人随便说出一个单词，他都能拼写出来，他的母亲为此感到很欣喜，便决定安排雷石东参加全国的拼词大赛。

雷石东是聪明并且努力的，他过五关斩六将进入了决赛，但此时，他开始有点迷失自我，开始陷入了一种对成功的狂热之中，他甚至幻想出来自他人的喝彩声。但就在他考参加考试时，他却拼错了一个简单的单词，就是这样一个小失误，致使他不得不离开赛场。

雷石东的表现让母亲很伤心，她不禁落下泪来。这一幕永远地刻在了雷石东的脑海里，从那时开始，他开始自我反省，他告诉自己，无论做什么，都不要自满，要成为永远的第一。

从此，每天早上，自打起床开始，他就告诫自己一定要努力，于是，除了学习外，他再也不会从事其他的活动。

功夫不负有心人，在毕业典礼上，雷石东以该校300年来最高的平均分从波士顿拉丁学校毕业，被授予现代拉丁文奖、古典拉丁文奖和本杰明·富兰克林奖，并且获得了前往哈佛大学深造的奖学金。

从哈佛毕业后，雷石东的激情与永争第一的精神，让他时刻不忘奋发进取。50年间，雷石东终于抓住机遇，大胆地扩张使自己从一个机车影院的老板，成为一个年收入达246亿美元的传媒帝国领袖。

从雷石东的经历中，孩子们，你们学到了什么？的确，无论做什么，都要不断进取。这样，在今后的求学和人生道路上，你才能处处做到最好。

列夫·托尔斯泰说："一个人就好像是一个分数，他的实际才能好比分子，而他对自己的估价好比分母，分母越大，则分数的值越小。"现代社会，任何一个人，都应该认识到自身知识的局限，才能认识到学无止境的含义，才能放开眼界，不断地吸收新的知识。

球王贝利不知踢进过多少个好球。他那超凡的球技不仅令千千万万的球迷心醉，而且常常使场上的对手拍手叫绝。有人问贝利："你哪个球踢得最好？"

贝利回答说："下一个。"

当球王贝利创造进球满一千的纪录后，有人问他："你对这些球中的哪一个最满意？"

　　贝利意味深长地回答说："第一千零一个。"

　　总之，任何一个人都有成为最好的愿望，但什么是最好的呢？其实，最好的结果永远在下一次，下一次就是明天，就是将来。正因为你没有达到，你才有不断进取的动力。在取得成绩时，你当然应该高兴，应该庆祝，但你必须保持清醒的头脑，你必须告诉自己，我还可以做得更好。永不满足才是促使你不断攀登人生高峰的前提！

第03章

善于质疑与探究，告别被动"填鸭式"学习

当今社会，每个人都必须要树立终身学习的理念。而真正有效的学习必须是自主的、探究性的。同样，任何一个学生，在学习过程中，都应该做到善于质疑、勤于发问，这样，你才能将知识融会贯通，形成自己的知识系统，并最终养成受益终身的学习习惯。

主动学习，别再等老师主动把知识"喂"给你

生活中，有这样一个现象，两个年龄相仿的孩子，学习着相同的内容，学习成绩好的一定是那个主动学习、主动发问的孩子，他的自主学习能力较强，不需要家长和老师的督促。而相反，学习成绩差的，一定是那个处处需要老师和家长指引和督促的孩子。事实上，学习效果与自主能力是成正比的。任何一个人的才能，都不是凭空获得的，学习是唯一的途径。学习的过程，就应该是一个主动求知的过程。任何一个孩子，你都应该学会自主学习。

不得不承认的是，中国的中学采取的多半都是"填鸭"式的教育，而学生们也习惯了依赖，而美国学校培养的是自主学习的习惯，这让中国学生与美国学生在大学选择了不同的生活方式和态度。

现代教育提倡尊重学生的积极表达和自主发言，反对"填鸭"和"满堂灌"，作为学生的你，也应该培养自己的自主学习意识和能力，而不是一味地等待老师把知识"喂"给你。我们不妨先来看下面一个故事：

17岁的列宁，满怀理想考入了喀山大学。在接受共产主义的先进思想后，列宁的世界观和人生观都发生了彻底的改变。

他不仅努力学习专业知识，而且积极投入了实现共产主义的政治活动中。但不久，他就被学校开除了。

"你们可以开除我的学籍，但开除不了我求知的心，我要在校外上大学！"就这样，列宁抱着这个坚定的信念，开始了刻苦自学的历程。

他搬到喀山市近郊的一个小村庄。这里到处是茂密的森林，环境十分幽静。每天天刚蒙蒙亮，列宁就从茅屋里走出来，开始了一天紧张的读书生活。

他时而大声朗诵，时而轻声默读，时而奋笔疾书。直到太阳落山，他才踱回屋子里。很快，茅屋的窗下，又出现了列宁挑灯夜读的身影。一天天，一月月，他总是这样紧张有序地学习着。

一年过去了，他自学完了大学的全部课程。后来他以校外生的资格参加了彼得堡大学的毕业考试。出乎所有人的意料，他在所有考生中名列第一，获得了甲等毕业证书。

列宁并不是天才，但却以饱满的热情投入到各种学习中，这就是一种主动求知的精神。正因为如此，在学习时，他能做到潜心，不为外界干扰。正是由于这种专注，他自学了大学的全部课程，从而为其后来投入共产主义事业奠定基础。

对于学生的你说，可能你已经习惯了"填鸭式""灌输式"的教育方式，你已经习惯了在老师或者父母的监督下学习，一直处于被动学习的状态。而事实上，这已经是一个终身教育时代，学习已经成为一个人一辈子的事情。联合国教科文组织出版的《学会生存》一书中指出："未来的'文盲'不再是不识字的人，而是没有学会怎样学习的人。"随着时代的进步、知识的更新换代，如果不想被时代抛弃，你就必须要转变自己的学习观念。因为你终究是要步入社会的，而那时，你不可能再接受老师和家长的知识灌输，这就要看你的自学能力了。所以说，未来的竞争是自学能力的竞争。教育反映时代精神，在这个知识更新飞快的时代，只是一味地等待老师喂给你知识已经不现实了。

为此，你需要做到：

1.端正学习目的

你为什么而学习？是父母强逼你学习，还是你有着伟大的梦想？如果你总是认为学习是一件无奈的事，那你又怎么可能投入全部的热情学习呢？因此，你不妨重新考虑一下自己学习的目的，真的是为了他人吗？

2.学会排除各种干扰，消除各种杂念

一心一意想学习，全心全意谋进步，也就是心要静，如果你整天想着："该买件新衣服了""他为什么不理我了，是嫌我又多长个青春痘""她为什么把我甩了，是不是喜新厌旧了"，整天为一些生活琐事和儿女情长之事烦恼，你又怎么能重视学习呢？整天想着"数学作业老师不检查，咱不做了""语文做了也白做，不做了""这章节太容易，有啥学的"，你的心又怎么能静下来呢？

3.早动手

在学习上，你若动手得早，你就有足够的时间，你做的准备就越充分；你动手得晚，你的时间就越少，你的心就会越焦躁。

曾经有记者对某所著名的高中三年级某班学生进行跟踪调查。他们发现，中午吃饭时间不到30分钟，校园里已空无一人，教室已响起了琅琅的读书声；课间操集合时，每个同学都拿一个小本本，嘴里念念有词，他们在利用集合时间记英语单词！以这样的精神学习，还怕学不好吗？

4.制订详细的学习计划

盲目地学习是没有好的效果的，会让你的自信心逐渐消失殆尽，因此，你最好制订一份详细的学习计划：每天干什么、什么时间干，要有详细的计划，计划要切合实际，要略高于自己现在的学习能力。

从明天起，制订个详细的计划，让它来规范自己、约束自己、提醒自己、鞭策自己，依计划而行，则有条不紊，顺理成章；无计划行事，则茫无目的，失去所向。

任何一个学习阶段的孩子，都不要指望老师，而是主动、积极地学习。事实上，如果你能养成自主学习的习惯，那么，不仅能提高自己的学习效率，还能帮助你在离开学校后继续成长、成才。

👤 善于质疑，善于发现各种问题

当今社会是一个创新型社会，那些有想法的人才会受到重视，他们的发展潜能更大，我们甚至可以说，一个人的想法是与其命运有着极为密切的关系的。因为人的想法是大脑的活动，人的行为受其支配。任何一个学习期间的孩子，都要有自己的想法，并且做到善于发现各种问题，而绝不是人云亦云。

哲人说，我爱我师，我更爱真理。一个人只有具备犀利的目光，才能察觉出他人所不能察觉出的问题，也才能发出自己的声音，才能不为传统束缚，做到有所创新。

俗语云："学贵质疑，小疑则小进，大疑则大进。"这句话强调了质疑在知识获取中的重要性。

黎锦熙是我国著名的国学大师，民国头十年的时候，他在湖南创办报纸，当时他有三个帮他誊写文稿的助手。

第一个抄写员性格沉闷，只是规规矩矩地誊写，每个字、标点都准确无误，后来这个人一生平平。

第二个抄写员也非常认真，在誊写前先阅读一遍，才慢慢抄写，遇到错字、病句都要改正过来。后来，这个抄写员写了一首歌词，经聂耳谱曲后命名为《义勇军进行曲》，他就是田汉。

第三个抄写员则与众不同，他在誊写前也认真看文稿，并且认真阅读、积极思考，并将那些自己认为有问题的和错误观点的文稿随手扔掉，后来，这个人建立了以《义勇军进行曲》为国歌的中华人民共和国，他就是毛泽东。

"三个抄写员的故事"告诉人们：凡事过度老实，不去思考的人，永远都是处在混沌和危险之中。认真做事是重要的，而积极思考、敢于质疑和创新更为重要。

生活中的孩子，在学习的过程中，你也只有持怀疑的态度去发现问题，才能真正获得知识。我们再来看看下面这个故事：

小泽征尔是世界著名的音乐指挥家。

一次他去欧洲参加指挥家大赛，在进行前三名决赛时，他被安排在最后一个参赛，评判委员会交给他一张乐谱。小泽征尔以世界一流指挥家的风度，全神贯注地挥动着他的指挥棒，指挥一支世界一流的乐队，演奏具有国际水平的乐章。

正演奏中，小泽征尔突然发现乐曲中出现不和谐的地方。开始，他以为是演奏家们演奏错了，就指挥乐队停下来重奏一次，但仍觉得不自然。这时，在场的作曲家和评判委员会权威人士都郑重声明乐谱没问题，是小泽征尔的错觉。他被大家弄得十分难堪。在这庄严的音乐厅内，面对几百名国际音乐大师和权威，他不免对自己的判断产生了动摇，但是，他考虑再三，坚信自己的判断是正确的，于是，大吼一声："不！一定是乐谱错了！"他的喊声一落音，评判台上那些高傲的评委们立即起身向他报以热烈的掌声，祝贺他大赛夺魁。原来，这是评委们精心设计的圈套。前面的选手虽然也发现了问题，但都放弃了自己的意见。

这则故事中，倘若小泽征尔不能坚信自己的判断是正确的，和其他几位选手一样，即使发现了问题，也不敢提出来，或者放弃自己的意见，那么，在这场比赛中，他也只能和其他选手一样，被淘汰出局。

的确，那些人云亦云、不敢提出问题的人，不仅仅会失去成功的机会和别人的赏识，更遗憾的是，他们会失去那种让自己的思想自由迸发，最后被别人认可的快乐。

曾经有这样一则报道：

曾经有一名六年级的小学生，他对蜜蜂进行了长时间的跟踪观察，发现蜜蜂的发音器官并不是科学家们所说的那样是用翅膀发音的，而是在翅膀的根部有一个发音器官。于是，接下来，他依然带着怀疑的态度，将自己的想法写成了论文，因而，他获得了第18届全国青少年创新大赛优秀科技项目创新银奖和高士其科普专项奖。

这就是一个善于观察并敢于怀疑的孩子。事实上，每个人都有自己的独立思想，对事物有着自己的看法。生活中的孩子们，你也要和这名小学生一样敢于怀疑，因为真正有效的学习并不是死读书，而是自主性的、探究性的、学以致用的。

大胆提问，加深对知识的理解

英国学者贝尔纳曾说："构成我们学习最大障碍的是已知的东西，而不是未知的东西。"中国也有句古云："学贵多疑，小疑则小进，大疑则大进。"这句话表明了做学问一定要有质疑的精神，要抛却固有观念。

所谓质疑思维，就是对已有观点不盲目迷信而是提出疑问的思维方式，它通过比较、挑剔、批判等手段，对想什么、怎么想和做什么、怎么做，作出合理的决断。不破不立，质疑是思维创新的前提。

在学生们向往的哈佛课堂上，所有的学生都踊跃向教授提问，哈佛教授们也早就习惯了学生尖锐的质疑和直率的批判，许多教授公认没有受到学生挑战的课是最沉闷无聊的课，也是最失败的课。他们懂得怀疑精神的培养，不仅是学生个人思想和学识增进的必需，也是国家和民族能够不断反思过去、质疑现在、求新求变、充满活力的必需。

在哈佛的课堂上，学生讨论质疑教师的言论、挑战现存理论和方法的表现，是教师评分的重要依据。一个学生没有提出过疑问或不同见解，哈佛教授们对他一般只会有两种判断：要么对这门学科不感兴趣，要么没有学习能力。无论哪一种情况，他都不可能获得很好的分数。

的确，勇敢地提问、敢于质疑，你对知识的理解才更深刻、更全面。同时，大胆地对问题提出不同的见解，激发自己的求知欲，你就会一步步成为与众不同的成功者。

有一天，萱萱在预习语文课文的时候，发现课文中有一个错字，但她也不敢肯定，于是，就查了好几遍字典，结果证明自己都是正确的，于是，她就拿着书本去找在看电视的妈妈：

"妈妈，你看，语文书上居然有错别字呢！"

"怎么可能，你们的教科书还有错误？"

"真的，妈妈，您看看嘛！"

"妈妈要看电视呢，你明天去问老师吧，估计老师也会说你错了。"妈妈不耐烦地对萱萱说。

萱萱一听，有点生气："妈妈，你知道尽信书不如无书的道理吧，但你现在怎么这样呢？"

看着女儿情绪有点不对了，妈妈拿过书一看，原来，这个字果然是错的。

"对不起啊，女儿，妈妈错了，妈妈不该只顾着看电视，而打击你质疑提问的积极性，以后遇到类似的问题，你都可以来问妈妈，妈妈不知道的，也会找人帮你解决。"

"这才是我的好妈妈，谢谢妈妈！"

故事中的萱萱就是个敢于质疑的孩子。事实上，任何一个孩子进入学龄前后，就开始有了一定的自主意识，这一点，在学习上表现得尤为明显，他们对于老师的话、书本上的知识在接受的同时，也不再像小学的时候全盘接受，他们对自己不明白的问题，有时候会产生怀疑，并试图找出正确的答案。因此，在学习时，如果你有疑问，就要大胆地提出来，这是勤于思考的表现，这表明你有了初步的创新意识，产生了创新的冲动。

具体来说，你可以做到：

1.在日常生活和学习中多动脑

思考是质疑、发现新问题的前提，许多非常成功的人，都是善于思考的。牛顿通过对苹果落地现象的质疑产生了关于重力的思想，爱因斯坦通过对太阳的质疑产生了关于相对论的思想，爱迪生因为最爱向老师"问为什么"而成为伟大的发明家。一个只知记忆、不善思考、不敢质疑问难的学生并不是好学生，不会有创新能力，只能是一个平平庸庸的人。为此，你要想让自己有所突破的话，就要多思考，比如，在做数学题的时候，你可以多找出其他解决难题的方法。

2.大胆地说出自己的想法

一个人具有想象力才敢于质疑，没有想象力的人就像一潭死水，没有生机和活力。为此，你要敢于说出自己的想法，遇到问题要敢于打破常规，发挥自己的想象力，凡事没有标准答案，要敢于提出不同的答案和见解。

每个孩子都要抱着敢于质疑的态度学习，这样才能增强自己的求知欲，才能产生积极的学习兴趣，从而高效地学习。

🧘 开发自己的大脑，寻找不同的方法解决难题

　　自古以来，成大事者都是能独立思考的人，他们善于运用思维的力量，独辟蹊径的思维方式常常让他们"杀出重围"，成功者的成功秘诀也就在于此。的确，当今社会，一切竞争力的核心只有思维，它是指导成功的原动力。拥有独立的思维，你就能获得成功。如果你希望改变自己的状况，获得进步，那么首先要从改变思维开始。事实上，思维并不是单一的，同一问题的解决方法也绝对不止一种，很多时候，如果你能开动大脑，主动寻找其他方法，你就能达到一个新的思维高度。

　　同样，任何一个成长期的孩子都要明白一个道理，成大事者和平庸之辈的根本区别之一，就在于他们在遇到困难时采取什么样的态度，采取什么样的解决方式。成功者的思维是开阔的，失败者的思维是狭隘的。

　　对于同一难题，解决的方法有很多种，在学习中，你也要开发自己的大脑，尽量运用不同的方法来解决，这样，你的思维能力便能在无形中提到提升。每个人都有独立的思考能力，当你把这种能力转变为创意时，你的生活现状也许就会发生质的改变。我们先来看下面一个故事：

　　有一家大公司的董事长即将退休，他想物色一位才智过人的接班人。经过一段时间的观察，他最后挑出了两位人选——约翰和吉米。因为他们都很精通骑术，老董事长便邀请二位候选

人到他的农场做客。当他们到来时，老董事长牵着两匹同样好的马走了出来，说："我知道你们二人都很善于骑马，这有两匹很好的马，我要你们比赛一下，胜利者将成为我的接班人。"

他把白马交给了约翰，把黑马交给了吉米。这时，老董事长开始宣布比赛的规则："我要你们从这儿骑马跑到农场的那一边，然后再跑回来。谁的马跑得慢，也就是后到目的地，谁就是胜利者。"

听了这话，约翰突然灵机一动，迅速跳上了吉米的黑马，然后快马加鞭地向前急驰而去，他自己的马却留在了原地。吉米感到约翰的举动很奇怪："咦！他怎么骑了我的马呢？"当他终于想通了是怎么一回事时，已经太晚了。他的黑马遥遥领先，无论怎样追也追不上了。

结果，吉米的马最先到达终点，他输了。

老董事长高兴地对约翰说，"你可以想出有效的创新办法，能出奇制胜，证明你有足够的才智来接替我的位置，我宣布，你就是下一任董事长了！"

其实，人的智商是没有多大差别的，关键在于谁更能运用自己的思维，在于谁能将问题转换到另一个角度。会思考的人才是最终的赢家。故事中的约翰就是个善于打破常规思维的人，他用逆向思维赢了吉米。

因此，每个孩子，你也要经常变动自己的脑筋，在生活中要勤于思考，善于变通，对于一些别人解决不了的问题，可以换个思路去解决；对于别人想不到的事情，要努力想到并实现。会变通的人才会在通往成功的路上排除万难，最终获得成功。

在所有的科目中，玲玲最喜欢数学。从小到大，她就像一个问号一样，她总是问自己，"难道就只有这一种解题方法吗？"通常情况下，她从不在练习册上解答，因为练习册上的空页根本不够她解答，她会在作业本上抄下题目，然后列出很多种方法。

转眼，玲玲要参加中考了。老师为她担心的是，玲玲太爱思考了，在每道题上花的时间太多，会影响她答题的。为此，在考试前，老师还专门叮嘱她不要恋战。

然而，老师的顾虑是多余的。为了培养学生的多向思维能力，试卷结尾的几道数学解答题全部都注明：请运用两种以上解答方法。

考试结果出来后，玲玲居然得了满分，老师感叹："这就是勤于思考的好处。"

看完玲玲的故事，你是否也有所感触？如果在学习中，你也能和玲玲一样自主学习，而不是为了完成学习任务，相信你也能获得良好的学习效果。为此，你需要做到：

1.破除惯性思维

要提出与众不同的解决问题的方案，就必须要摒除思维惯性的限制。因此，在解决问题时，你最好也要做到摒除书本和经验的限制，从一个全新的角度考虑，你会发现，新方法应运而生。

2.转换思维，多向思考

当然，要做到这一点，需要你综合运用各种知识，遇到问题时要试着从不同角度去考虑，不满足于只通过传统方法解决问题。这样有助于你形成多向思考的习惯。

所有的孩子们，生活中最大的成就是不断地自我改造，以使自己悟出生活之道。的确，在很多情况下，外物是无法改变的，你能改变的就是你的思想。遇到困难和变化时，让思维尽显其灵活和多变的本质，往往能得到更好地解决问题的方法。

确定你的学习目标，你才知道如何学

在刘易斯·卡罗尔的作品《爱丽丝漫游奇境记》中，有这样一段猫和爱丽丝的对话，十分有趣：

"请你指点我，我要走哪条路？"爱丽丝问道。

猫回答爱丽丝："那要看你想去哪里？"

"去哪儿无所谓。"爱丽丝回答。

"那么走哪条路也就无所谓了。"猫说。

这一对话寥寥数语，但却也耐人寻味。任何人，在心中无梦想、无目标的情况下，自己不知道该怎么走前面的路，别人也无法帮助你，当自己没有清晰的梦想的时候，也就没有努力的方向。任何一个人，都必须要有自己的人生目标，否则就像一只无头的苍蝇，找不到人生的方向。

对于学生而言，也需要学习目标，学习如果没有目标，就如航海时没有灯塔，很容易迷失了方向，而尽早地明确自己应该学会什么，并确信这些内容值得一学，你就会自觉地、努力地学习。

美国的一位心理学家曾经指出："如果一个铅球运动员在比赛的时候没有目标，那么，他的成绩一定不会很好。如果他心中有一个奋斗目标，铅球就会朝着那个目标飞行，而且投掷的距离就会更远。"这个比喻非常形象，它具体地说明了学习目标的重要性。当我们有了一个追求的学习目标时，才会有不懈的努力，向着心中既定的目标前进。

成功的学习取决于学习对你的重要性，如果你不能使学习变得很重要，如果你不能使学习变得有乐趣和有收获，你的学习将不会有多少进展。

某小学六年级学生说："学习首先要有明确的目标，有目标才有动力。拿我自己来说，上一年级的时候，我就立下这样的目标，一定要上××重点中学。当然这是一个长期的目标，有了这样的目标，我就能做到学习的时候不松懈，永远充满斗志。当然，目标要切合实际，目标太大、太遥远，会因为长时间达不到而损伤自己的积极性；目标太小，又不能起到激励自己的作用。理想的情况是定一个比自己的能力高出一点、又能达到的目标。怎样去向自己的目标努力，我的总结是四个多：多思、多记、多问、多练。多思是指要勤于思考，培养自己思考的深度。多记，是指用笔记下学习中的点滴收获，好记性不如烂笔头。多问，我觉得多和同学交流非常重要，做题时看看其他同学的思路，往往会很有启发。"

从这名学生分享的学习经验中，我们发现，盲目学习是要不得的，策略的第一步应该是明确自己的目标，有目标才会有动力。

国内外的学习实践都证明，学习目标具有导向、启动、激励、凝聚、调控、制约等心理作用。有明确的学习目标比没有目标对孩子学习活动安排、学业成绩提高都会产生更积极的影响。一些研究表明。完成同样的学习任务，如果其学习目标明确比没有目标可以节省60%的时间。

那么，该怎样制定学习目标呢？我们先来看下面的故事：

一位父亲带着三个儿子到沙漠中去猎杀骆驼。

到达目的地后，父亲问大儿子，"你看到了什么？"

大儿子回答："我看到了父亲、沙漠和骆驼。"父亲沉默不言。

父亲又问二儿子："你看到了什么？"

二儿子回答："我看到了父亲、哥哥、弟弟、弓箭、沙漠和骆驼。"

父亲最后又问三儿子："你看到了什么？"

三儿子回答："我看到了骆驼。"

父亲满意地回答道："答对了。"

这则寓言说明确定目标的秘诀就是"明确"。确定、分解学习目标的要点有三：

1.大目标要细化到小目标，心里要有数

比如，初一要做什么，初二要做什么，初三要做什么，要具体到每一个年级。初三又可以划分为几个阶段，每个阶段要完成什么学习任务，甚至具体划分到每个月，每个星期，每一天学习任务是什么。

2.制订计划是为了坚持

大目标短时间内不能很快见效，但是你可以看到自己每天在努力，在完成每天制订的学习任务，距离成功又近了一步。基础差并不可怕，关键是要坚持不懈。你可能走了一千步还没有看到成功，但是不要放弃，坚持不懈，你会发现，也许成功就在一千零一步的拐弯处。

养成课外学习与自学的习惯

有人曾说过："未来的文盲不再是不识字的文盲，而是没有学会怎样去学习的人。"现在是知识爆炸的时代，科学技术迅猛发展，光靠教师在课堂上传授知识是远远不够的，迫切需要学习能力的培养，特别是学生自学能力的培养。而对于中小学阶段的学生来说，要想真正掌握知识，你们就应该学会自主学习，培养一定的自学能力。事实上，我们不难发现，那些学习成绩优异的小学生都不是被动地接受老师传授的知识，而是会自动、自主、自发地学习。

东东今年五年级了，不仅学习成绩好，知识面也很广，因此，班上同学都说他"小百科全书"，他特别喜欢看书，无论是课外的，还是课内的；无论是政治性的，还是历史性的。

"陈东东，你经常看课外书，你爸妈不管你吗？"他的同桌问他。

"我爸妈挺理解我的，他们说，课外学习是自学的一种方式，只要我愿意看课外书，我爸妈都支持我，并且，我们还定了规矩，我们每个月都要读完一本书，我们一起阅读，妈妈还会教我一些怎样记住课外知识的方法，真的挺管用，不然我也记不住那些知识点。现在老师上课的时候，我感觉有些知识自己都学过，这就是学习课外知识和自学的好处吧！"

"还是你爸妈开明啊，在我们家，只要是课本和练习册以外的书，都被没收了，哎！"

"是啊，我们家也是，真希望我们的父母都能像你爸妈一样！"

生活中的小学生们，如果你也希望真正掌握知识，并考出一个好成绩，你也需要重视自学能力的培养，这也是素质教育的要求。自学能力是打开知识宝库的金钥匙，是创新成功的基本途径之一，在当今社会没有知识的劳动者将被淘汰；没有自学能力的劳动者，也将被社会淘汰。只有提高我们自学能力、自立能力，才能在社会中有立足之地。

那么，我们该如何培养自己的自学能力呢？

1.通过预习，培养自学能力

预习就是一种自学，学生通过自己的思考，对将要学习的知识有一定的了解，然后在教师的讲解下会很快掌握。你在课前先学习、理解书本知识，这是培养你的自学能力的开端，当然，你可以请求老师的监督，从而知道自己的完成情况，这样，你就能学会自己预习，而且效果会不断提高，渐渐地就能过渡到自学知识的能力了。

2.研究学习规律指导学习方法，培养自学能力

要培养你的自学能力，你就要研究学习规律，根据学习规律去指导自己学习。这样，你就能在学习概念原理时，找到思考的方法；在解题时找到分析问题的方法；在复习时，找到概括综合的方法。当你具有了一定的学习方法，就赢得了学习的主动权，就可以逐步依靠自己的能力去获取知识。

3.体验自学和课外学习的快乐

只有将学习寓于快乐之中，你才会有积极性。如果不能快乐地做一件事，那么这件事绝对是不能百分之百地做好。要怎

样快乐地学习呢？在你的自学过程中，你要善于将一些趣味性的知识掺和其中，这样，你会发现自学也是一件快乐的事，并经常与父母进行一些亲子活动，在活动中学习，这种方法简单有效，也会事半功倍。

4.学会归纳学习方法，培养自学能力

一个人自学能力的强弱，很多时候是体现在他的学习方法上的。一个会自学的人，通常都有一套自己行之有效的学习方法，当然，这是一个循序渐进的过程，需要我们不断摸索。

总之，作为学生，你要在学习中发挥自主意识，并且要把培养自己的自学能力渗透到生活中去，你只有做到主动地去学，自学能力才会逐渐增强。这样，当你形成了课外自学的能力，不仅能提高学习效率，而且即使离开学校，依然可以成才。每个学生都是可以成才的，而打开成功之门的钥匙就在自己手中。只要你重新审视学习观念，学会主动学、自己学，那么你就可以成才。

第04章

认真主动听课，把握课堂 45 分钟是学习关键

对于学生来说，上一堂课或许只有短短的45分钟，但是一定不要小瞧这段时间，大部分学生70%左右的知识都是在课堂上学习获得的，如果课堂的这段时间没有利用好，之后则会花几倍的时间来弥补。任何一个孩子，都要紧紧把握且吃透课堂45分钟，这是提升学习、取得好成绩的前提。

学习最重要的是课堂45分钟

生活中，不少孩子可能有这样的苦恼：为什么每天学习到深夜，甚至挑灯夜战，可是学习成绩就是不见提高呢？其实，这还是因为你没有利用好最重要的课堂时间。实际上，中小学阶段与大学不同，大学更注重学习中的探究，注重课外知识的延伸，而中小学学习，要想取得好成绩，基本掌握课堂45分钟老师传授的知识点就足矣。因此，中小学学习最重要的是课堂45分钟。

事实上，那些成绩优异的孩子都有个学习心得，那就是要做好听课管理。的确，听课看起来十分平常，但当很多人花费时间和精力去探求各种"学习技巧"的时候，却往往忘记了：一天中的大部分时间都是用来听课的，提高听课的效率，比任何学习方法都重要。

然而，上好课的关键不仅仅在于要认真听，还要做好笔记，做好这两方面的工作，听课才会有效率。

因此，作为学生，你一定要把听课和做好笔记作为培养自己好习惯的重要方面，对此，你可以从以下几个方面把握听课要点：

1.做好听课前的准备

听课前的准备包括：物质准备，指的是要将上课需要的物品准备充足；生理准备，指的是要保证大脑的清醒、精力充沛；心理准备，指的是保持心境轻松、情绪饱满；知识准备，指的是要做好功课的预习，与新知识相关的知识准备要做足预习。

2.学会做笔记

人们都说："好记性比不上烂笔头"，足见笔记的重要性。但记笔记要"记得精炼"，内容要有选择，有所取舍。

俗话说，"温故而知新"。记笔记的目的是帮助记忆，方便复习。在课后，经常翻看笔记，能熟练记住已经学习过的知识；在大考时，用笔记对照着课本知识复习，互为补充，这也不失为一个好办法；在复习的过程中，如果你有新的体会，还可以把它补充到笔记里去，知识积多成学问。听课爱思考，笔记记得好，学习效率一定高。

3.处理好记笔记和听课的关系

有些孩子，一门心思记笔记，在上课时，他们非常认真地听课，认真地记好笔记，几乎一字不漏地把老师讲的话和黑板上的板书全部都记下来了，应该说他们学习非常认真刻苦，但是学习的效果却不尽人意。那是为什么呢？因为他们犯了一个最大的错误，那就是没有处理好听课和记笔记的关系。那么，应该怎样处理好记笔记和听课间的关系呢？

事实上，老师在讲课时，一方面是讲授知识，另一方面则是传授方法，如果把精力都放在记笔记上，则无法认真地听老师讲解了，毕竟，一心不能二用。

所以，认真记笔记，不在于把所有的东西全部记下来，而是要先认真听懂老师讲课的内容，把重点记下来就可以了。同时，有自己课上不明白的地方，也要记下来，以便下课后自己在书上或课外参考书上找答案或者去找老师询问。

4.身心放松地听课

学习是一项消耗体力和精神的活动，你如果不懂得放松型学习，那么，上课的过程对于你来说，肯定是痛苦的。因为一节课始终绷紧了弦是不可能的，所以调节课上不同阶段的紧张程度便很重要。但一堂课的开头结尾常不可忽略，需要认真听讲。

把听课笔记作为一种自觉的行动

前面，我们已经提及，记笔记是课堂学习的重要方面，也是记忆知识的重要方法。所有的教师都强调要做课堂笔记，每个学生也应该认识到记笔记的作用和意义，且要把做笔记变成一种学习习惯和自觉的行为，从提高学习效率和学习成绩的角度去认识做听课笔记的意义，要把做听课笔记作为一种自觉的行动，而不能高兴就做，不高兴就不做。当然，除了要持之以恒地做笔记外，我们还必须养成良好的记笔记的习惯，因为做笔记的目的是真正掌握知识，而不是形式化。

古人云："好记性不如烂笔头。"把笔记记在课本上，这样方便查找，也不容易丢失。我们通过翻看课堂笔记，可以回忆起当时的课堂情景，从而有助于理解掌握知识。

其实，记课堂笔记是锤炼学生语言能力的重要方法，因为记笔记的过程本身就是一个从主观感知到联想，再到分析和综合，最终转换为文字的过程。

不过，记笔记不必长篇大论，不必要将老师说的每一句话都记下来，也不能随心所欲地乱写乱画，这就要求你在课堂上更认真地听讲，且要学会筛选知识，只需要记那些重要的、有价值的信息，也就是要言简意赅地记笔记。在经过了一段时间的训练后，你会发现，你记笔记的水平明显提高了，并且，你的词汇量也会逐渐增加，语言表达能力也获得提升。

而最重要的是，记笔记能帮助你养成良好的学习习惯。以学习语文为例，语文老师布置你预习课文，假设你是个自觉的学生，你会读几遍课文，而如果你是不自觉的学生，那么，这样的作业对于你来说也就是形同虚设而已。即使老师提出预习要求，如果不进行反馈检查，那么，完成效果也不理想。出现这种现象，源于我们没有养成良好的读书习惯。很多学生读书没有目的，一读而过。俗话说得好："不动笔墨不读书。"如果你养成了做课堂笔记的习惯，只要一拿书，你就会动笔写写画画，总想在书上留点东西，久而久之，你会在课堂笔记的实践中逐渐养成了良好的读书习惯，形成了自读能力。

当然，对于课堂笔记来说，要记些什么内容，也是有章可循的。你首先应该明确的是：你应该把主要的精力放在听和理解上面，课堂笔记主要记以下内容：

（1）老师列出的提纲。你应该很清楚地知道你不可能也没有必要把老师的课堂笔记一字不落地记下，所以你只需要记下老师列出的提纲就可以了。

（2）老师强调的重点内容。

（3）书本上没有，但却是老师补充的内容。

（4）你个人需要加强的知识。

（5）记疑点。对老师在课堂上讲的内容有疑问应及时记下，这类疑点，有可能是自己理解错误造成的，也有可能是老师讲课疏忽造成的，要记得课后及时和老师沟通。

（6）记方法。勤记老师讲的解题技巧、思路及方法，这对智力培养和解题技巧培养都有好处。

（7）总结。注意记住老师的课后总结，这对于浓缩一堂课的内容，找出重点及各部分之间的联系，掌握基本概念、公式、定理，融会贯通课堂内容都很有作用。

课堂笔记的内容应当简洁扼要，最好做到既有观点、又有材料，既有主干，又有枝叶。所以课堂笔记在记录的过程中也是有一定的技巧的：

（1）不要记得太紧太密，每页右边留下约1/3的空白处，以便日后补充、修改。

（2）用词用语要简洁浓缩，使用频率较高的词语可用代号。

（3）写字要快、字迹不必要求太高，看清就行。

（4）注意听课与看书结合，有些内容可直接在书上批注。

（5）要学会使用不同的颜色的笔，如有蓝色和红色两支笔，你可以用蓝色笔记录，重要的内容如概念、公式、定理用红色标注出来，这样便于以后复习时只需看一下提纲就可以进行联想了。

这里，你需要记住的一个原则是，无论如何，记笔记不能耽误听课，因为上课最重要的是听和理解，然后才是记笔记。如果埋头记笔记，老师讲的什么反而没有听清楚，或者只是听见了记下来了，但是没有动脑筋思考，这样的效果就会很糟糕。

听课要集中精神，不可开小差

任何一个学习阶段的孩子，都希望能有优异的学习成绩，但其实，每个人的能力不是天生的。国外的一项研究报告证实：98%的孩子智商都是差不多的，只有1%的孩子智商是天才，也只有1%的孩子智商是弱智，那为何在100个孩子当中，成绩怎么差距那么大呢？最主要的原因就是注意力不集中，无法持续地学习与做事。

在每个人的学习成长过程中，专注力是直通心灵的门户，门开得越大，学到的东西就越多。专注力同时还是最重要的发展因素，是记忆力、想象力、思维力、观察力的准备状态。专注力的高低更是直接影响着孩子学习成长发展的状态和程度。

认真听课的重要性毋庸置疑，而注意力不集中是很多学生无法认真听课的原因。那些注意力差的学生，通常有这样一些表现：注意力集中时间比其他孩子短，且容易分心散漫；上课难以集中注意力，对课堂内容一知半解；作业拖沓、学习时易走神、发呆、被无关事情吸引，导致学习费时、效率低下；即使考试前书念得很熟，考试时却会因分神而记不起来或写错等，严重影响学习和考试成绩；办事时总是丢三落四，如经常忘记学习用品放在哪里，学习容易半途而废。

的确，对于每个学生来说，最重要的任务莫过于学习，只有专注于学习，才能摒除外界世界对你的干扰，这也是你需要坚持的原则之一。

那么，从平常的课堂中，你是否有这样的表现：

（1）上课集中注意力时间短，经常东张西望。做小动作，如玩钢笔、抓耳挠腮等。

（2）不听从老师的指令，不能遵守课堂纪律。

（3）上课时常想与同桌说话，不能专心学习，影响别人。

（4）小组讨论中不能像别人一样遵守规则，不能等待，表现为急不可耐。

实际上，保持良好的注意力，是大脑进行感知、记忆、思维等认识活动的基本条件。在我们的学习过程中，注意力是打开我们心灵的门户，而且是唯一的门户。门开得越大，我们学到的东西就越多。而一旦注意力涣散了或无法集中，心灵的门户就关闭了，一切有用的知识信息都无法进入。因而，良好的注意力会提高我们学习的效率。

那么，课堂上，你该如何集中注意力呢？

1.充分做好课前准备

这包括两个方面：

（1）做好知识上的准备——课前顶习。知识上的准备主要是新课涉及的有关知识点。对新知识的预习应主要抓住难点，明确听课重点。

（2）做好身体上和心理上的准备。上课学习，是一项艰苦的劳动，它需要学生有充沛旺盛的精力和健康的体力。为了做好身体上的准备，要求学生必须做到两点：一是要有充足的睡眠和休息，二是要注意饮食与营养卫生。

2.听课要全神贯注

学习效率，取决于信息渠道的畅通与信息活动的质量。听课是接收信息，是信息活动的第一道关口，能否全神贯注，决定信息接收的量和信息活动的质，决定整个学习过程的效率。

3.积极认真地思考

学习离不开思考，听课是学生学习的一种主要形式，也离不开思考。多思还能调动我们的思维，从而让我们专注于课堂。

4.认真回答老师的问题

在课堂上，老师提问是必不可少的教学手段，每个同学都有被老师提问的经历。该怎样正确、礼貌地对待老师的提问呢？请记住：

（1）回答问题时，应先举手，经老师允许后再起立发言。老师未点到自己的名字时，不要抢先答话。

（2）起立回答时，姿势、表情要大方，不要故意做出滑稽的、引人发笑的举止。说话声音要清脆，不要太小声，以免老师、同学听不清楚。

（3）当老师提问的问题自己恰好回答不出而又被点到名时，切不可有抵触情绪和行为。这时应该勇敢地站起来，以抱歉的语调向老师解释说："老师，这个问题我不会回答，请原谅。"

（4）在其他同学回答老师提问时，不要随便插话。如别人回答错了，或者回答不出而老师继续面对大家提问时才可以举手，并在得到老师允许后，站起来回答问题。

因此，任何一个孩子，要想学习好，都必须在课堂上集中注意力、认真听课，而当你因注意力无法集中而影响学习，倍感苦恼时，不妨采用以上方法来矫治、训练自己注意力、提高自己专心致志的能力。

与老师互动，积极回答老师提出的问题

课堂学习对于学生学习的重要性早已毋庸置疑，可是总有学生课堂上难以集中注意力。但唯有认真听课，才能学好知识，尤其是三年级以后，如果没有好好利用课堂时间，学习压力则更大了。另外，课堂上做得最多的就是——听，其实，还有非常重要的一个环节——回答课堂上的问题，而且是积极主动地举起小手、与老师互动。

那么，为何说积极回答问题非常的重要呢？以下是几点原因：

首先，积极举手发言能促进你听课更专注，不开小差不做小动作。因为只有你认真听课，才能听清老师的问题，也才能积极举手发言。

其次，积极举手发言能提高老师的积极性，让他讲课更加认真投入。因为你的积极举手是对老师辛苦讲课的最好回报，老师看见你积极举手发言，心里也是很高兴的。

再次，你积极举手发言能够让老师及时发现你学习中碰到的一些问题。比如说你一个问题回答错了，老师会在课堂上及时纠正，那么给你留下的印象肯定比课后纠正更深刻，那再次

遇到这个问题就不会再犯这个错误了。

最后，你积极回答肯定会赢得老师的表扬，这样对于你培养自信是很有帮助的！

那么，作为学生，该如何在课堂上做到踊跃发言、积极回答问题呢？

1.认真听课，认真思考，提出自己的想法，发现问题

在课堂上，有时候某些知识点难度较大，这些问题需要你主动询问。还有一些题目，可能你的答案是对的，但思路未必正确，当你在课堂上提出自己的想法时，老师可以及时地为你讲解正确的思路，并且指出究竟是哪里有点问题。这样做比直接接受标准答案，记忆会更加深刻，并且理解更加透彻。

2.做好预习复习，带着问题上课并且发问

你需要为课堂上做好准备，首先要做的就是课前预习，预习的时候有些不理解的问题是非常正常的，可以自己做好标记，带着疑问去听课，效率会更高。其次是课后复习，新知识需要不断地练习巩固加深印象以及自己的理解，转化为自己的知识。

3.培养自觉的习惯，要主动参与课堂

课堂上积极回答问题，参与到课堂的氛围中去，慢慢的会逐渐从"我要上课积极回答问题"转化为"我想积极回答问题"，意识到自己就是课堂的主人翁，更是学习的主人，培养自主学习的习惯。要知道，现在的你虽然年龄还小，但也可以

承担部分责任，不仅在学习上，在生活中更是如此，自己的事情自己做，不断改善，不断进步。

4.举手回答问题能避免上课走神，提升听课效率

长时间都处于一个吸收状态，可能会感觉到疲倦，这个时候就需要外界的刺激，使自己保持专注认真的状态。上课举手回答问题其实是需要勇气的，并且在举手的过程中还需要不断地组织语言，怎样把自己的解题思路告诉老师以及各位同学。大脑处于高速运转的过程，自然而然精神就集中了。像这样上几节课过后，会有明显的饥饿感，大脑的高速运转是非常消耗能量的，因此，注意一日三餐，均衡饮食。

5.举手回答问题需要勇气

当你第一次在课堂上举手发言时，可能有些紧张，这极度考验你的勇气，一旦有了第一次，第二次则会轻松很多。尤其是回答准确，得到老师的表扬与同学的掌声时，是非常开心的，一股小小的自豪感油然而生。回答错误，则根据老师的提示，越挫越勇，反复思考，集中精力参与课堂。

总的来说，对于学习期间的孩子来说，积极与老师互动，是提升课堂听课效率、培养勇气的有效武器，你在课堂上积极举手的次数越来越多，回答问题的声音越来越肯定，越有利于提高你的自信，锻炼语言表达能力。

学习不要被老师牵着鼻子走

对于学生来讲，怎样才能学习好？可能大部分孩子会回答，听老师的话、按照老师的安排学习就错不了。的确，对于书本知识，老师比我们熟稔，但老师不可能掌握每个人的学习状况，他所讲解的学习方法也是针对大多数人而不是全部学生。为此，每个孩子都有必要找出属于自己的学习方法，而不是被老师牵着鼻子走。事实上，那些成绩优异的孩子都善于做学习的主人，我们先来听听他们的心得：

一位中考理科状元就说："爱听课更爱自学。我入校成绩排名100多，之后考一次进步一次，到了初二基本就稳定在年级第四了。"整个中学他只有一个目标——考上市重点高中。他不玩微信，不刷抖音，平时生活中除了努力学习也只有每周打一次篮球作为调剂。

他说，最在意的是对思维的培养。他在初中前两年，尤其注重老师在课堂上讲的内容，在初二上学期的时候已经把初中三年的课程全都学完。到了初三，他花在课本上的时间就比从前少了很多，他更喜欢自学。于是他开始向老师提出申请，自己去自习室学习。"我知道自己哪部分内容需要加强，有针对性的自学效率会更高。"即使是通过大量做题来复习知识点，他也对自己有严格的要求，遇到难题只思考8分钟。"如果8分钟还想不出来就直接跳过，过后再去请教老师，或者等思路清晰了再想。"这样避免了在一个问题上的长时间纠结，同时也提高了复习的效率。虽然效率高，但他学习的强度也不小，临近中考还依然每天学习到晚上12点。

现在，勤奋的他已经开始提前学习高一的课程了。他的目标是清华大学生物工程，"这是最前沿的学科，我最大的理想就是能够获得'诺贝尔奖'。"

从这位学生的陈述中，我们发现一点，真正要学好知识，就必须要有自己的方法，而不是一味地被老师牵着鼻子走。

实际上，除了那些状元们有这样的感悟外，你周围的很多学习成绩优异的同学也都会按照自己的方式来学习。当然，不被老师牵着鼻子走，并不意味着我们可以将老师的话置若罔闻，也就是说，对于老师的话，我们要有选择性地听，同时，我们也要按照自己的学习计划学习。我们再来听听下面这位学生的体会：

"刚上初三时，我觉得老师留的作业是必须完成的，要不然拿什么出成绩？所以每天都被老师留的作业牵着鼻子，本来有一些自己的计划，却因为没时间而几乎没有落实，就这样过了些日子，发现自己每天认真完成作业可进步却没有别的同学大，甚至会有退步的现象，问问身边的同学，才明白原来初三作业已经不是必须了。虽然老师留的作业都挺有用，但那没有针对性，复习阶段知识已经学得差不多了，缺少的是针对自己的查漏补缺，要明白自己缺的是什么。

我学会了选择，这点很重要。我告诉自己。初三拼的是时间。要选择对自己有用的作业完成。每写一样就要有收获。认真思考每一个知识点，不做重复的脑力劳动。不过这个选择还挺艰难的，有时候选择不好就会本末倒置。比如，老师让我们每天做一套语文模拟题，当时真的觉得很没有用，认为语文这东西做题好像没什么成效，所以我就只选择了前边的基础题，把后边的阅读题都丢了。过了段时间，发现做阅读题没有感觉了，就说科技文，怎么选都是错，我再一次反思自己，于是开始整套卷子的做，才发现语文做题是非常必要的，有时候就是一种感觉选出的答案，那就是对的。"

的确，如果完全抛弃老师的带领而"另起炉灶"的话，你很可能会脱离正确的学习轨道。

可能有些学生会感到迷茫，我们该怎样界定自己的方法有效还是老师的计划在理？对此，你不妨在学习效果中找答案，就像上面故事中的这位学生，在发现自己的方法有所欠缺后及时补救，这就是最行之有效的。

总之，你需要明白的是，学习是自己的事，对于学习，只要我们不断摸索，就能找到最佳的"路子"。

劳逸结合，课间十分钟就要好好放松

作为学生，课堂上的45分钟需要认真听课，需要耗费大量的脑力，学习本身就是一件很辛苦的事，所以学校在课间设置了10分钟的休息时间，此时，你可以走出教室，玩小游戏，既可消除大脑疲劳，增进身心的健康，又能提高交往能力，增进友谊和情感。那么，课间活动有哪些娱乐方式呢？

1.跳绳夺帕

二个组的甲乙丙先每个人拿出一个手帕，然后将手帕的一角披在衣领后面，然后几个人依次跳进长绳里，在一边跳的同时，趁机夺走对方的手帕，先夺到者得分，积分多的组为胜。平局加赛，直至决出胜负。

2.翘板接毽

游戏需要准备学生尺一把、一块大橡皮、一只毽子。在课桌上，用大橡皮和尺子搭成一个小翘板，一端放毽子，另一端翘起，游戏者依次进行。

做游戏的学生可以用手取拍其中翘起的一段，此时，毽子会弹起来，游戏者如果能用手接住就可得1分，每人可拍按5次，积分多者为胜。熟练后，可以换成脚、手肘、面额部接毽等。也可以选一人拍翘，让另外的抢接，接到者可得1分并当拍翘者。

3.猜成语

先选出一位主持人，由这位同学拿来四张纸，然后写一句成语，一纸一字，比如，狐假虎威。再挑选出四位游戏者，让他们站成一排，然后用别针分别将成语中的一个字别在他们背上，再将这四个人围成一个圈，按逆时针方向跑跳步三周，再解散。每个人都尽力去看另外三人背上写的什么字，一旦看到，就能判断自己背上的字，比如，每例如看到狐、虎、威，就可以举手向主持人报出自己背上是一个"假"字，先猜出者为胜。

4.欢乐猜拳

这个游戏很受女生们得欢迎，大家可以围成一个圈，大家面对中心人数必须是双数，游戏开始，大家拍大麦（1、自己击一下掌；2、侧开与两侧同伴合掌；3、翻掌，用掌背与两侧同伴相碰；4、同1。）并齐说："赛、赛、赛，阿拉马克赛，一个接一个，阿拉马克赛，这么好的天气飘雪花，这么好的鞋子漏脚丫，这么好的孩子小傻瓜！"接着，各自旋转小臂并说：咕碌咕碌锤！（此时每两人面对面"石头剪子布"猜拳，若相同则再转小臂重猜，直至决出胜负）负者退下，胜者重新组成圆圈，再拍再唱，最后剩下者为胜。

5.三打白骨精

这个游戏有两个同学就能玩。两人背对背站立，相距两步远。游戏开始后两人一块唱："孙悟空三打白骨精！"并在原地合拍双足跳三下，而到听到最后一个字"精"字时，必须同时做180°跳，同时在落地前还要做一个造型动作。造型动作有三种：

（1）抬起左膝，右手反掌心在额前做搭凉棚状，同时左臂微屈勾拳为孙悟空。

（2）双手叉腰，两腿侧开为白骨精。

（3）双手合掌于胸前为唐僧。

看过《西游记》的同学都知道，这三个神话人物的制约关系是：孙悟空胜白骨精，白骨精胜唐僧，唐僧胜孙悟空。如果刚好遇到二者造型相同，那么需要重来一次，方法同前，一旦造型之间建立了制约关系，负者就要给胜者恭敬地鞠一个躬。

6.小猴捞月

这是个有趣的游戏，学生们三五个人手拉手围起来，形成一个"水井"状，然后再选一个小朋友站在圈内当"小月亮"，另外再选两个小朋友站在圈外当"小猴子"。

一开始，大家按逆时针方向一边转圈走一边唱儿歌："小月亮，晃悠悠，乐得小猴翻跟头；小月亮快快跑，小猴捉住不得了！"唱完儿歌，两个"小猴"钻进"水井"，手拉着手去捉"小月亮"，"小月亮"只能在圈内逃跑躲闪，一旦被捉住就要说出一个带"月"字的成语、诗句或表现一个小节目。接着由这个同学指定别人担任"小月亮"和"小猴子"的角色，游戏重新开始。

7.装卸木材

拿出一个铅笔盒，放在桌子的一端，在铅笔盒横放10支铅笔，另一端放1只纸叠蓬蓬船，大小和铅笔盒相同，再配备2个钥匙圈，钥匙圈用30厘米长的细绳拴住。

　　这一游戏分两组，一组两人，分别站在桌子两边，拿起带圈的绳子，在听到指令后，用圈插进铅笔两头，保持好平衡，把铅笔一支支抬到船上，规则是圈不能碰到桌面或者铅笔盒，否则游戏需要重新开始。裁判员记时，哪组完成得最快为优胜。如果参与游戏的人多，则需要配更多的几个课桌，大家同时进行游戏。

第05章

实践出真知，学习切忌死记硬背

　　人类社会发展到今天，是否拥有动手能力和创新精神已成为一种判定人才的标准，这更是一种时代精神。作为新时代未来接班人的孩子们，你应该奋斗进取、锐意改革，而不是故步自封、顽固不化。为此，每个孩子，你在学习中，不但要注重理论知识的掌握，更要多动手、多实践，去经历自己的成功和失败，将来你才能独立地创造自己的明天！

理论与实践结合，才是智慧地学习

古人云："读万卷书，行万里路。"学习的最终目的是学以致用，对于成长期的孩子来说，未来你要进入社会这一战场，必须尽早培养自己的动手习惯、提升自己的实践能力，才能成为真正有竞争力的人才。

幼儿园开家长会，老师特意向孩子的父母布置了一项家庭作业——教会孩子剥鸡蛋皮。一位妈妈在下面小声地说："这多为难孩子啊，我家女儿还不知道鸡蛋长什么样呢！"老师觉得很奇怪，孩子都这么大了，怎么会不知道鸡蛋什么样子呢，那位妈妈继续说："我总怕煮鸡蛋的蛋黄会噎着她，到现在还一直只给她吃鸡蛋清。"在场的老师和父母们都惊呆了。

这位妈妈真的很爱自己的女儿，在日常的生活中大包大揽，什么事都替孩子做好，孩子上幼儿园了连鸡蛋的样子都没见过。这样的爱摧毁了孩子的动手能力，最终将会导致孩子一事无成。

玲玲今年十岁半，什么事情都依靠父母，甚至发展到做作业都要父母陪着，当别人问及她以后有什么理想的时候，她说："永远不长大！"这令别人很奇怪，但玲玲有自己的原因："不长大就可以永远和爸爸妈妈生活在一起，爸妈可以给我做好一切！"但在接下来的一个月，玲玲似乎变了。父母在北京最冷的一月底让她参加了一周滑雪拓展营，她是其中最小的营员。在拓展营中她生活自理，表现良好。回家后，早上主动穿衣洗脸，还把自己抽屉收拾整齐，慢慢地，玲玲慢慢地开始能自己学习，并能主动的帮爸妈做一些力所能及的事情。

可见，这样的女孩在参加社会实践活动以前的是令人担忧的，这样的孩子在生活中并不少见，但如果你也能走出学校，走出家庭，多参加实践，用不了多久，你这朵温室中的小花会像蝴蝶般破茧而出，并飞得潇洒而自在。

生活中的孩子们，你会发现，有些知识储备充足的人却发挥不出自己的能力，但这并不代表我们可以否定知识。因为这些知识丰富的职业人常自陷于自己知识的格局内，以至于无法成大功立大业。汽车大王亨利·福特曾经说过这么一句话："越好的技术人员，越不敢活用知识。"他经常遇到技师这样说："董事长，这简直无法进行，即使从理论上也是行不通的。"而且技术越好的人，越有这种消极的个性，这一点，被福特认为是增产上的一个重要障碍。同样，在日本，有人说："白领阶层是弱者。"我们仔细推敲一下这句话就能明白，知识丰富、学历良好的人白领阶层怎么可能是弱者呢？之所以人们会说："白领阶层是弱者"，是因为一些白领限于自己的知识格局内，而无法巧妙地运用到实践中。

🧑 生搬硬套与墨守成规，都无法真正获得知识

现代社会，人们都强调要创新，任何重大成果的发现，都离不开创新意识的发挥。但创新是一个相当宽泛的概念，它既可以指理论创新，也可以指技术的发明创造，还可以是观念、体制的更新等，其中的核心要素是取得新的认识。新的认识是在突破原有认识基础上的一种创造性的智力活动。也就说，任何一个成长期的孩子，在学习科学文化知识时，都应该摒除生搬硬套和墨守成规这两点，学会突破，你才能真正学到知识。

法国心理学家约翰·法伯曾经做过一个著名的实验：

他的研究对象是一群毛毛虫，这些毛毛虫被他放到一个花盆的边缘上，按照须序围在花盆上，首尾相连。然后，他找来一些毛毛虫爱吃的松叶，放到离花盆不远的地方。可是，令他感到奇怪的是，这些毛毛虫并没有"心动"，而还是一个接着一个，继续绕着花盆爬行，就这样，一小时过去了，一天过去了，好几天过去了，一连走了七天七夜，它们最终因为饥饿和精疲力竭而相继死去。其实，如果有一个毛毛虫能够破除尾随的习惯而转向去觅食，就完全可以避免悲剧的发生。

后来，科学家把这种喜欢跟着前面的路线走的习惯称为"跟随者"的习惯，把因跟随而导致失败的现象称为"毛毛虫效应"。

这个效应告诉任何一个成长期的孩子，盲目地跟随他人

不一定有好结果，你的生活需要创造力。创造力是指产生新思想，发现和创造新事物的能力。生活中的你是未来社会的主人，应当具有锐意变革的精神，才能为自己始终使自己处于竞争中的有利地位。

在美国加州，有一家老牌饭店——柯特大饭店。

曾经，这家饭店的老板准备筹建一个新式电梯，他重金聘来世界各地的著名建筑师和工程师，他希望他们能一起解决这个建筑问题。

不得不承认的是，这些建筑师和工程师们的经验是丰富的，他们根据自己的经验提出，要改造电梯，饭店就必须停止营业，而这一点，实在让老板很苦恼，这意味着饭店将要遭受经济上的损失。

他问："难道就真的没有别的方法了吗？"

"是的，我们一致认为，再也没有比这更好的方法了，饭店要停止营业半年，对于经济上的损失，我们也很难过……"建筑师和工程师们坚持说。

就在老板为此头疼的时候，饭店的一个年轻的清洁工说出了一段惊人的话："难道非要把电梯安在大楼里吗，外面不可以？"

"多么好的方法啊！我们怎么没有想到呢"工程师和建筑师听了，顿时诧异得说不出话来。

很快，这家饭店采用了年轻人的计策——屋外装设了一部新电梯，而这就是建筑史上的第一部观光电梯。

这位年轻人为什么能提出与众不同却又巧妙绝伦的解决难题的方法？因为他打破了传统思维。的确，在人们的观念里，电梯就应该安装在房间内部，却想不到电梯也可以安装在室外。

事实上，生活中，很多人在解决问题的时候，都被这些传统思维限制了。问题不在于他们的技术高低、学识多寡，而在于他们突破不了常规的思维方式。工程师和建筑师被专业常识束缚住了，而清洁工的脑子里没有那么多条条框框，思路很开阔，所以才会想出令专家们大跌眼镜的妙招。

生活中的孩子们，你是否有这样的经历，在做完老师布置的习题后，你就认为完美无瑕了？而你是否考虑过，就同一道习题，抛开传统的解决方法，再动一动你的大脑，也许你能找出更多的方法。然而，创新并不是一时之功，而是活动主体长期知识积累和不断努力的结果。从这个意义上，我们可以把创新看作是活动主体对已获知识要素所作的富于想象力的整合的产物。也就是说，创新实际上是活动主体在已有知识积累基础之上的智慧创造。创新中的"新"是"创"的必然结果，是新颖之突现，是想象力发挥作用的结果。因此，创新的实现，需要你对现有知识的不断整合。

那么，学习中的你们该如何做到学习上的创新呢？为此，你需要做到：

1.善于变被动为主动

萧伯纳有一句名言："明白事理的人使自己适应世界，不明白事理的人想使世界适应自己。"人都是在这种主动的不断调整、不断适应的过程中成长的。那些被动学习和工作的人，总是郁郁不得志。相反，那些积极上进勇于创新者，也许常有一时的困顿，但最终都能拥有一个比较辉煌的前景。

因此，在学习中，你也应该有主动的精神，只有主动的、积极的学习，才是有效率的、创新的学习。

2.善于学习前人的经验

像牛顿这样的科学家，在概括自己的科学理论成果时都说，他是站在巨人肩上的矮子。牛顿当然不是矮子，而是巨人，但他确实是站在前人的肩上的。没有对前人知识的学习、吸收和批判，就不可能有牛顿的科学理论创新。

每个孩子都需要多看书和参加社会实践，多了解一些生活规律，用前人的经验来充实自己。

3.敢于坚信自己

创新能否最终获得成功，能不能相信自己很重要。有自信，相信自己正确，你就敢走自己的路，就能不怕失误、不怕失败。在大多数情况下，不敢自信走"小路"的人，通常也难成为创新型人才。

4.敢于打破各种定见和共识

要想成为一个有创造力的人，你需要：

第一，不要迷信权威；第二，不要太依赖他人，学会独立思考；第三，摒除观念思维、经验主义等主观定势，不要给自己上思维枷锁，你不仅需要敢于挑战书本的权威，也需要敢于自我否定。

"知""行"统一，将学习运用到实践中

古人云："读万卷书、行万里路""纸上得来终觉浅，绝知此事须躬行"。古人早就认识到通过亲自参加实践活动而得到知识的重要性，"知"与"行"统一起来才是真正的学习。对于学习阶段的孩子来说，社会才是人生真正的战场，在社会中实践才能历练出一个真正成熟的人。事实上，人类社会发展到今天，是否拥有动手能力和创新精神已成为一种判定人才的标准，这更是一种时代精神。

可遗憾的是，由于受应试教育的影响，很多孩子只顾着应付书本学习和各种考试，他们不愿涉足生活，长年累月习惯躲在教室和家中攻克书山题海，结果让自己成了"书虫"与社会脱节。疗救的妙方即是，少读"死书"，多读"活书"，要善于在生活实践中学习和运用知识，锻炼能力，培养创新精神和创造才能。

的确，即使你的学习成绩再好，如果你没有动手能力，那

么，你也只能如襁褓中的婴儿一样需要他人为你遮风挡雨。将理论知识运用到实践当中，那么，你获得的不仅是知识，还有能力。

有位家长在谈到自己教育儿子的心得时说："出于对自己成长过程的反思，我对儿子从小就比较注重独立能力的培养，要求他自己的事情自己做，按不同年龄承担一定的家务劳动。从幼儿园大班开始我们就要求他洗自己的碗，现在上学了，除了完成学习任务，家里扫地与倒垃圾两件事也由他'承包'。当然一开始他也并不总是乐意去做这些事的，这时我们就用适当的奖励方法鼓励他坚持下去，比如做一次就可得到一个五角星，积了一定数目的五角星就可以带他去吃一次肯德基，这样一来，他能不能得到他所想要的就完全取决于他自己的行为，这种'他律'促使他一天天坚持下去并逐渐过渡到'自律'，认为是自己分内的事而自觉地去做，慢慢形成习惯。"

每个孩子将来立足于社会，就必须要具备独立生活的意识和能力，而从小注意培养自己劳动习惯，这是对于你未来生活的非常重要的准备。

人总是要走向社会的。人最重要的是能在社会上创造价值。因此，任何书本知识最终都要运用到社会实践中。具体说来，要想把学习运用到实践中，你需要做到：

1.自己做出决定或承担责任

当今，我们国家已向世界敞开了大门，每个孩子面临的是信息激增、竞争激烈的时代。因而，每个孩子都要在实践中增强"参与"能力，培养自己思维敏捷、善于独立思考和应变的心理素质。

2.扩大生活范围，养成独立观察和认识事物的习惯

一些孩子因为生活范围过小，他们的想象力和主动性都被限制了，他们也习惯了一切坐等父母安排，生活自理能力差，遇到新环境、新情况就不知所措。所以，经常参加一些活动，有助于你在心理上摆脱对父母的依附，同时可以开阔视野，增长见识，培养责任感、事业心、钻研精神和独立能力等。

3.不要把眼光局限于成绩上

当前一些孩子因为长时间受到父母短视、片面的教育——"我们什么都不要你做，你把书读好就行了"，而导致了人格与思维上的发展受到局限。

对此，你应该告诉自己要成为一个有远见和理想的人，多关注社会、国家，你的思维也就能慢慢变得开阔起来。

4.不要把眼光局限在学校中

当然，要培养自己的实践能力，就不能把眼光局限在学校中。社会是更大的一本书，需要经常不断地去翻阅。

5.从身边的小事开始参与实践活动

你可以完成适当的家务，如打扫卫生、洗碗、清理房间等，还应该多参加社会实践，如卖报纸、农村生活体验、夏令营、与农村孩子交朋友等形式的活动。

　　的确，思维和现实之间的差距就在实践，再美好的思维理想，如若不付诸行动，也如痴人说梦。这一点，应该落实到生活的细节上。只有体会到实施的难度，才能检验思维的成熟度。

读书不"死读"，多参加社会实践

　　任何一个在学校学习的孩子，你都要知道，最终你必须要走向社会，这是你们必将经历的人生课题。参加社会实践，能让你在成长道路上既开拓视野，又增长智慧，最重要的是，能通过亲身感知社会现实状况，从而珍惜现在的生活，逐渐独立起来，形成良好的品质和人格。

　　通常来说，进入学校学习的孩子已经都有了一定的独立能力，可以参加一定的社会实践活动了。当然，参加社会实践，也绝对不是什么形式主义，更不是走过场。你会在活动过程中得到许多的乐趣，而这种乐趣正是家长平时无法给予的。有家长认为参加社会实践会影响孩子的学习，那只能说明家长把学习的概念理解得太狭隘了。真正的知识是对于一种事物发展规律的正确认识和经验。如果一个人什么社会生活的经验都没有，那他的所谓知识只能是书本上的"死"知识，而不是生活中真正的知识，这样的人也绝不能自立，更别说经受得住社会的洗礼了。

现在，美国许多中小学校甚至幼儿园非常流行"吃苦"教育。为了使生下来就不缺吃不缺穿的孩子们明白生活中还有苦，世界上还有许多人吃不饱饭，还有许多需要同情和援助的人，有些学校甚至组织学生上"要饭课"，有意识地让学生们体验饥饿。

为了教育孩子们懂得珍惜粮食，学会同情穷人，一些学校将"忆苦教育课"设为必修课。位于马里兰州的温顿小学连续开设3天"要饭课"。吃午饭时，大多数学生扮成流浪汉、乞丐或者穷人，到学校开设的大锅前排队领取食品。他们要来的饭菜不仅不足以吃饱肚子，而且饭菜的质量也相当粗糙，有时只是些很难下咽的水煮土豆。学校还配合忆苦教育，给孩子们讲述美国普通人的过去的生活，告诉孩子们即使在当今的美国，每年至少仍有100万无家可归者。而在全世界，生活在贫困当中、靠乞讨为生的贫困人群至少有2亿人之多。

旧金山市开展的"体验饥饿"活动中，全校11～14岁的孩子们都积极参加。扮作穷人的孩子只能领到一份少得可怜的粗制面包。在体验活动中，孩子们不仅感受到了饥饿的滋味儿，而且还明白了不应该浪费粮食，应该同情那些生活在贫困线上的人们。

生活中的孩子们，你不妨也走出校门和家门，去参加一些亲近自然、融入生活、关注社会的实践活动，让自己从小就融入鲜活的生活，主动发现生活问题、社会现象，进行调查研究，寻求解决问题的方案，增强自己的独立意识和自主能力。通过一些社会实践活动，你会变得敏感、活跃，能以一个孩子的眼睛主动寻找、发现生活中、社会上存在的问题、弊端、不合理之处，让自己挖掘了许多有价值的研究问题，从而开启自己的智慧。

　　社会实践活动有很多，比如，对于一些年龄大点的孩子，你可以在假期做一些服务性行业的零工，如卖报纸、送报纸、当小保姆、售货员、售票员等，因为这种服务性行业的打工对体力要求不大，只是对你的工作态度有一定要求，更重要的是这些工作可以与各行各业的人打交道，同时又可以获得一定的报酬，让你容易获得一种成就感并体会到劳动的乐趣。在工作中，通过扮演不同的角色，你可以亲身体验工作的辛苦，这样不但可以体会到父母的不易，并由此对父母更加尊敬和爱戴，就会自然而然地产生一种感恩意识，而且还可以培养自己勤俭节约的意识，改正乱花钱的坏习惯。从细小的工作中，还可以收获很多东西，可以体会到艰苦奋斗的精神，做事认真负责的态度，可以体会到为别人服务的乐趣，更能尊重和珍惜别人为自己服务所做的工作，还可以激励自己好好学习，争取更大的成功。

　　当然，除了以上所说的活动种类，还有：

　　（1）"手拉手"活动。让城市的孩子给贫困山区的孩子写信，捐物资，这样能使生长在城市的孩子心系贫困山区，长知识，献爱心，受磨炼，效果好。

（2）"给祖辈买东西"。你可以自筹经费10元或15元，给爷爷奶奶买一种蔬菜、一种水果和一样日用品，然后送到他们手中，看买的东西是不是他们需要的。爱就意味着用心灵去体会别人最细微的精神需要。在买东西的时候学会讨价还价也是生活需要的本领。

另外，参加社会实践活动的时候，还需要注意：

1.要明白活动要达到什么目的，有没有吸引力

现在的你还是个孩子，会更看重活动的趣味性，因此，如果你对所参加的活动知之甚少的话，可以在父母的指引下选择。

2.防止走形式

参加社会实践活动，是要达到一种教育的目的，不要走过场，要让自己解决活动中遇到的困难。同时，在一些社会活动中，你还可以自己筹划、联系和组织。这样，你能可以从中得到更多的锻炼、收获和乐趣。另外，你在社会实践中要注意观察，学会提问，善于交往，动手动脑，勤做记录，这样收获会更大。

3.难度要适中

社会实践的难度过大会让人有一种受挫感。有了强烈的受挫感之后，很容易自暴自弃，这对于培养自身的能动性和自主

性，反而起到了一个反面作用，对于这一问题，你也可以寻求家长的帮助。

总之，你在学习之余，可以多参加社会实践活动会，这样不仅能学到知识，还能锻炼自己的做事和社会交往的能力。

学习不可死记硬背，理解让记忆变得更轻松

每个学习期的孩子都知道，学习离不开记忆，无论是学习新知识，还是运用旧知识，都离不开记忆，并且，离开了记忆，一切学习活动都失去了意义。不得不说，学习中很多知识需要背诵和记忆，有些学生常常抱怨自己的记性不好。其实，除了痴呆者外，普通人大脑的记忆功能是相差不大的。实际记忆之所以有差异，是因为各人对大脑记忆的规律和提高记忆能力的方法掌握多少不同的缘故。

这里，介绍一种记忆方法——理解记忆。理解记忆，顾名思义，在积极思考、达到深刻理解的基础上记忆材料的方法，叫作理解记忆法。由于理解是记忆的前提和基础，因此，理解是最基本最有效的记忆方法。

理解记忆的效果优于机械记忆。德国著名心理学家艾宾浩斯在做记忆的实验中发现：记忆12个无意义的音节，需要16.5次，如果是36个的话，则需要重复56次，但记忆6首诗中的480

个音节，平均只需要重复8次！

从这个实验中可以看出，凡是理解了的知识，就能记得迅速、全面而牢固。不然，愣是死记硬背，那真是费力不讨好。

理解记忆是建立在对材料内容的理解的基础上的，这种理解不仅指看懂了材料表面的意思，更是理解了材料各部分之间的逻辑联系，以及该材料和以前的知识经验之间的关系。

我们平常说泰国的首都曼谷，实际上这是一个简称，泰国首都的全称是"共台甫马哈那坤奔地娃劳狄希阿由他亚马哈底陆浦改劝辣塔尼布黎隆乌冬帕拉查尼卫马哈洒坦"，共41个字。要把这41个字都背下来，可不是一件容易的事，恐怕比记圆周率小数点之后41位还要难得多。

你不妨来背背这两首诗，一首是李白的《望庐山瀑布》：

　　　　日照香炉生紫烟，遥看瀑布挂前川。

　　　　飞流直下三千尺，疑是银河落九天。

还有一首是唐朝著名诗人王之涣的绝句《登鹳雀楼》：

　　　　白日依山尽，黄河入海流。

　　　　欲穷千里目，更上一层楼。

这两首诗的总字数比泰国首都全名还要多七个，可是只要读几遍也就会背了。原因就在于这两首诗形象易懂。

再如：大家熟悉的代数公式 $(a+b)^2=a^2+2ab+b^2$，一些同学选择死记硬背，这里有三项，一项一项，三项硬背下来，当然会记得住，但在应用的时候很容易忘记，也有一些同学从理解的角度，了解$(a+b)^2$的实质，这样就自然记住了公式的各项。也有一些同学会展开记忆这一公式，反正要有a和b的二次项，也就不用记了，只要记住有一个一次项"$2ab$"就可以了。

学习语文、外语时更要在理解的基础上记忆。一首古诗，理解了诗的含义，背起来就快多了。

可能你会疑问，如何进行怎理解记忆呢?

理解记忆的运用步骤是:

1.了解大意

当你记忆某个事物的时候，首先要弄清它的大致内容。拿读书来说，先要通读或者浏览一遍。如果是记忆音乐，先要完整地听一遍全曲。了解了全貌才能对局部进行深刻的理解。这也就是"综合"。

2.局部分析

对事物有了大致了解后，就要逐步深入分析。比如对一篇论文，要弄清它的论点论据，根据结构分成若干段落，逐个找出主要意思，也就是要找出"信息点"，加以认真分析、思考，以达到能编制文章纲要的程度。

3.寻找关键

也就是韩愈在他的《进学解》中所说的"提要钩玄"。找到文章的要点、关键和难点，并弄明白，牢牢记住。只有在此基础上，才能理解和记住其比较次要或者从属的内容。

正是"万山磅礴，必有主峰；龙衮九章，但挈一领。"

4.融会贯通

就是将所理解和记住的各种局部内容联系起来反复思考，全面理解。这样更有利于加深记忆。

5.实践运用

所学的东西，是否真正理解了，还要看在实践中能否运用。如果应用到实际工作中就"卡壳"，那就说明并未真正理解。真正的理解是有具体标准的。一是能够用语言和文字解释，二是会实际运用。在实际运用过程中，会继续深化理解。

总之，在对所学的知识进行理解时，应该充分利用这些分析和综合的方法，以促进理解，提高学习和记忆的效能。

尝试复述学习，比背诵效果更好

人获取知识的方式有很多种，其中就有记忆，对于学习阶段的学生来说，对于书本知识的记忆，采取的多半是背诵的方式，比如，语文中的课文，英文单词等。然而，背诵就是最好的记忆方式吗？当然不是。从发展心理学看，人类刚开始的记忆方式并不是背诵，而是复述。从认知心理学看，记忆分为瞬时记忆、短时记忆、长时记忆。其中记忆时间最短的瞬时记忆经过"注意"过程可以转入短时记忆，短时记忆中的内容经过"复述"过程可以转入存储时间最长的长时记忆，其中"复述"过程就是重复记忆。

心理学家艾宾浩斯的遗忘规律认为，遗忘是先快后慢、先多后少，因此要及时复习和记忆。重复记忆将会使记忆得到强化。

记背单词、背课文等，如果只是单纯的背诵，那么，充其量这些语句只会进入语言中枢的浅表层，只是短期记忆。这些东西还没有和更深层次的思维建立联系。有些学生背了半天，甚至都不知道是什么意思。如果让他们输出，只能是有上句接下句的层次。而且这种背记，遗忘的速度会非常快。而复述，是将输入的语言信息完全理解了，该转化的都转化了。通过思考之后，就是在脑子里面转了一圈，然后用自己的语言讲出来。那么，这种方法获得的知识更能被记住。

的确，复述过程是认知、理解、记忆、推理、归纳等各种因素综合作用的过程。复述需要熟悉原文，因此，学会复述还有利于你理解原本的知识，从而提高你的语言表达能力。

因此，作为学生的你，别再一味地把背诵当成唯一的记忆方式了，尝试着去复述知识，也许你会记得更牢固。

自我复述记忆法是把识记材料变成自己的话，以达到加强记忆的目的的一种方法。这是一种很有用的且适合高中知识的记忆方法。

首先，为了能自我复述出来，集中注意力是必不可少的。

注意力的集中，大脑对识记材料的痕迹就加深了。

其次，想自我复述出来，理解是必须的，要想把书上的文字或图形变成自己的话，不能理解就无法达到这种目的。因此，要防止死记硬背。

为此，以下是你可以掌握的方法和原则：

1.复述的方法

记忆不是死记硬背，要有灵活性。

以学习英语为例，复述就是一种很好的训练口语，记忆单词的形式。复述有两种常见的方法：一是阅读后复述，二是听磁带后复述。后一种方法更好些，这种方法既练听力，又练口语表达能力。同时，可以提高注意力的集中程度，提高听的效果，而且可以提高记忆力，克服听完就忘的毛病。

2.复述的原则——循序渐进

同样，以学习英语为例，在复述的过程中，你可由一两句开始，听完后用自己的话（英语）把所听到的内容说出来，一遍复述不下来，可多听几遍，越练遗忘就越少。在刚开始练习时，因语言表达能力、技巧等方面原因，往往复述接近于背诵，但在基础逐渐打起来后，就会慢慢放开，由"死"到"活"。在保证语言正确的前提下，复述可有越来越大的灵活性，如改变句子结构，删去一些不大有用或过难的东西，长段可以缩短，甚至仅复述大意或作内容概要。

复述的内容也要有所选择。一般来说，所选资料的内容要具体生动，有明确的情节，生词量不要太大，可选那些知识性强的小短文，开始时可以练习复述小故事，有了基础后，复述的题材可扩展开些。

　　复述表面上看慢，实际上对你的综合能力的培养很有帮助。如果时间较充足，可以在口头复述的基础上，再用笔头复述一下，这样做不仅可以帮助记忆，还可以加深语言的印象，提高书面表达能力。

🙎 不做"书呆子"，多走出去参与人际交往

　　对于每一个学龄期的孩子，都是渴望友谊的，都希望自己受大家的欢迎，能融入周围的同学中。而不受同学欢迎，人缘差，成为困扰很多成长中的孩子的一个问题，如何做到让别的同学喜欢你，你要从自身找原因，这样才能有针对性地改变自己。其实细究起来，多半是和你的羞怯、胆小有关系，如果你想拥有良好的人际关系，首先你就要敢于走出去、敢于参与人际交往。

　　一个周五的最后一节课，语文老师给大家布置了一篇话题作文，以"我最烦恼的事"为话题。第二周的作文课上，老师点评了一篇作文，是来自班上一个学习成绩较好的女生的，其中有这么一段：

"我是一个女生，性格还是比较外向的，长相虽然算不上出众，但是自我感觉还可以。学习也不错，班里前十名，可是就是人缘不好，可能是我比较好强，看到别的女生周围围着一堆男生和她说话，我就有点不自在。女生还好点，尤其是男生，好像都很反感我，看到他们和别的女生闹，我也想去玩，可是却不知道怎样加入他们。听我一个好朋友跟我说，她的同桌跟她说比较反感我，也没有说原因，还说不许我那个好朋友告诉我。虽然我是知道了，可是我很无奈，也许是因为我说话的缘故吧，因为我真的不知道该怎样和男生们交谈，怎样才能让别的同学喜欢和自己说话，有共同语言。我到底该怎么办？"

恐怕很多孩子都有类似的苦恼，想与人交往，但又不敢迈出第一步，生怕被人笑话。其实，心理障碍是造成你人际关系不好的重要原因。社会心理学家经过跟踪调查发现，在人际关系交往中，心理状态不健康者，往往无法拥有和谐、友好和可信赖的人际关系，在与人相处中，既无法得到快乐满足，也无法给予别人有益的帮助。孤芳自赏就是不健康心理的表现之一，而究其原因，不外乎胆怯、害羞、自卑等原因。事实上，只要你大方一点，敞开闭锁的心扉，摆脱孤僻的烦忧，你就能找到交往的乐趣。

人际交往是一门学问，你在学校学习期间，除了要认真学习外，更要培养自己的社交能力，这也是积累生活阅历和社会实践能力的重要表现能力之一。拥有良好的交往品质是交往的前提，你应该敞开心扉，让自己融入集体，让自己人生的重要时期多姿多彩！具体说来，你需要做到：

1.自信

人际交往中，人们总是喜欢和那些自信的人打交道，因为他们总是能表现出落落大方、不扭怩作态的气质。当然，一个人要培养自信，就要善于"解剖自己"，发现自己的优缺点，但不能妄自菲薄，而应该在认可自己优点的同时不断完善自己，只有这样才能积累自信。

2.完善个性品质

每个孩子都希望自己可以有落落大方的交往形象，让同学喜欢自己。其实，只要你拥有良好的交往品质，走出克服恐惧的第一步，就能受到同学的喜欢，慢慢的，心结也就能打开了。"人之相知，贵相知心"。真诚的心能使交往双方心心相印，彼此肝胆相照，真诚的人能使交往者的友谊地久天长。

3.正确评价自己和他人

孤僻的人之所以孤僻，是因为他们不能正确地评价自己，他们要么自命不凡、认为自己高人一等，要么认为自己不如人，怕被别人看不起、嘲笑，以至于把自己紧紧地裹起来。如果你是个孤僻者，你就需要正确地认识别人和自己，多与他人交流思想、沟通感情，享受朋友间的友谊与温暖。

4.尝试信任他人

美国哲学家和诗人爱默生说过：你信任人，人才对你重视。以伟大的风度待人，人才表现出伟大的风度。人际交往中，信任是相互的，如果你总是怀疑他人的动机和言行，那么，你也无法获得信任。而信任就是要相信别人的真诚，理解别人，而不是相互设防、口是心非。

5.学习一些交往技巧

让你自信起来的最佳办法，就是一些交往技巧。比如，你带着有趣的玩具走到其他同学的身边，这就能吸引别人的注意；做与其他同学一样的动作，也会得到友好的回应。在集体中，与其他人交往，难免要经历失败，学习一些交往技巧，你能逐渐学习如何独立面对社会交往问题。

第06章

珍惜时间学习，一刻都不能放松

对于学习阶段的孩子来说，都想获得好成绩，而任何一个成绩优异的孩子，都是从小就开始努力学习的。实际上，任何一个学生学习成绩的好坏，多是与他是否会利用自己的时间有关的，没有时间的保障，学习无从谈起，所以你必须要充分利用一切可以利用的时间，来执行自己的计划、实现自己的目标。当然，你也不要牺牲自己的休息时间，因为时间对于每个人都是公平的，你再挤时间，也不可能挤出25个小时来。那么，如何来安排规划时间呢？你不妨看看本章的内容。

努力学习，你必定有所收获

　　也许在每个孩子的心里，都有个共同的梦想——取得好成绩。于是，那些名列前茅的学生就成了他们羡慕的对象，有人认为，成绩好，无非是运气好罢了。其实，我们要明白的是，任何成绩都不是天上掉馅饼，成绩好的学生，除了方法到位外，最重要就是勤奋。

　　因此，每个学生都要尽早认识到勤奋学习的重要性，可能你会有疑问：我曾经没有努力学习，荒废了很多时间，现在努力会不会已经晚了？当然不是，但你首先要做的就是收拾自己的心情，然后梳理好自己的思绪，从现在开始，为成功奋斗，"不叫一日闲过"！

　　著名画家齐白石年逾九十，每天仍作画5幅。他说："不叫一日闲过。"他把这句话写出来，挂在墙上以自勉。一次，他过生日。由于他是一代宗师，学生和朋友很多，从早到晚，客人络绎不绝。白石老人笑吟吟地送往迎来，等到送走最后一批客人，已是深夜了。年老的人，精力是差了，他便睡了。第二天他一早爬起来，顾不上吃早饭就走进画室，摊纸挥毫，一张又一张地画着。他家里人劝他："您吃饭呀。""别急。"画完5张后，他才吃饭，饭后继续作画。家里人怕他累坏了，说："您不是已画了5张吗？怎么还要画呢？""昨日生日，客人多，没作画。"齐白石解释，"今天多画几张，以补昨日的'闲过'呀。"说完，他又认真地画起来了。

齐白石已为画坛成功者，年迈之时仍不忘勤奋，这不正是告诉我们：奋斗不分年龄，只要你把握现在吗？

现代社会，知识改变命运这个道理早已毋庸置疑，时代正在急速发展，各种技术日新月异，已经对生活在这个时代的人提出了新的学习的要求，但无论何时，勤奋永远是任何一个孩子应该摆在第一位的学习态度。如果你没有时刻学习的意识，不通过学习了解掌握新技术，那么你跟不上时代的发展是必然的。同样，在具体的学习活动中，要想提升学习效率和效果，也只有努力。

谢军是某校中考的理科状元，当别人问及他的学习心得时，他说："学习除了天分，就是努力，再努力。"他认为自己主要得益于初中三年的努力。初中三年，老师发的练习书、自己买的习题和试卷他都认真做过，有关例题也都认真看过。他说，初一和初二的两次竞赛使他明白，学习除了要有天赋外，很重要的一点就是努力。

刚进初中的时候，谢军觉得自己数学考得不是很好，当被老师定为数学竞赛组预选人员时，他为了能在20人进10人的选拔中被选中，他特别用功。那段日子在杭州集中培训，空闲时，别人在打牌，他就去参加自修或者去书店看竞赛书籍，丝毫不敢懈怠。结果在那次比赛中，他取得了一等奖的好成绩。而在初二的时候，因为已经得过一次奖，开始有点松懈下来。同样去杭州集中培训，一空下来，别人打牌他也打牌，并开始出去逛街等，在竞赛上所投入的精力远不及上一次，结果那次竞赛他与一等奖相差五六分，这让他后悔了好一阵子。就是从那个时候开始，他认识到了努力对学习的重要性。到了初三，他就变得很自觉了。

的确，从谢军的话中，相信你也能看出那些成绩优异的孩子并不是运气使然，而是勤奋的结果。

伟大的成功和辛勤的劳动总是成正比的，有一分劳动就有一分收获，日积月累，奇迹就可以创造出来。这是绝对的真理。只有勤奋才是最高尚的，才能给人带来真正的幸福和乐趣。每一个学生，都不要认为还没到升学、压力不大就放松自己，而应该尽早树立正确的学习态度，唯有努力学习，你才有可能取得你想要的成绩。从现在起努力吧。你需要做到：

1.树立脚踏实地的态度

任何事情都必须要具备勤奋的态度，学习也是一样，真正的成功是一个过程，是将勤奋和努力融入每天的生活中，融入每天的工作中。

2.习惯是最好的老师

如果勤奋已经成为一种习惯，那么，它也就能变成一种理所当然的事。就像习惯睡懒觉的人认为早起是痛苦的，但习惯早起的人却把早起当做一件平常不过的事，因为早起对于他们来说已经是一种习惯。

3.要找到适合自己的勤奋之道，也就是方法

你可以根据自己的性格特征找到一条自己的路。比如在看书上，每个人每天都有自己的兴奋点比较高的一段时间，你在这段时间可以看一些自己并不是很感兴趣的书籍，而在心情比较低落的时候看一些自己喜欢的书，调节一下。

4.必须要克服重重困难

学习就好比是一种长征——一种追求知识的长征！一本一本的书，一章一节的知识，如雪山、大河、草地一样需要你去征服。如果你缺乏征服它们的勇气和信心，你就只能站在知识的岸边徘徊、叹息。记住：乌云的上面就是太阳，困难的背后就是胜利！

爱因斯坦说："人的价值蕴藏在人的才能之中。在天才和勤奋两者之间，我毫不迟疑地选择勤奋，它是几乎世界上一切成就的催产婆。"如果你能做到勤奋学习、勤奋做事，你必当会有所收获。

一日之计在于晨，千万不要忽略早晨的学习时间

生活中，每个人的每天的生活，都是从清晨开始的，正

如人们常说的"一日之计在于晨"，这就是要告诉我们早晨时间对于我们一天活动的重要性。的确，一个人在早上的状态如何，对一整天的工作效率有很大的影响。同样，对于学习阶段的学生来说，也不可能忽略早晨时间，没错，早上是最适合学习的时间段。但是有不少孩子有喜欢睡懒觉的习惯，即使闹钟响了，也还赖在床上，早晨对他们而言实在是头痛的时间。

哈佛大学是世界一流的学府，从哈佛成立到现在，它培养了很多名人，其中就包括8位美国总统、40位诺贝尔奖得主、30位普利策奖得主以及各行各业的精英。然而，哈佛学子之所以能成为各行业的精英，并不因为他们是天才，而是他们比一般人付出了更多的努力。

小泽征尔是日本著名的作曲家，他的成就主要来自两点，一是天分，二就是勤奋。

作曲家武满彻曾经在小泽寓所住过一段时间，他曾真切地感受到小泽征尔是怎么勤奋的。一次，他说："每天清晨四点钟，小泽屋里就亮起了灯，他开始读总谱。真没想到，他是如此用功。"

原来，青年时期的小泽征尔一直有早起的习惯，即便后来成名了，亦是如此。"我是世界上起床最早的人之一，当太阳升起的时候，我常常已经读了至少两个小时的总谱或书。"小泽这样说。

事实上，除了小泽征尔以外，大多数的成功者，都是你珍惜时间的榜样，可能现在的你也在努力寻找让学习效率翻番的方法，方法有很多，但究其根本，你都不能忽视早晨的重要时间。因为在早晨，你的身体在经过了一夜的休息后充满了能量，正是高效学习的时候。

那么，你该如何利用早晨的时间学习呢？

1.把早起变成一种生活习惯

正像小泽征尔所说的，他每天四点钟就起床，事实上，越是忙碌的人，越应该巧妙利用早上这段有限的时间。在哈佛的课堂上，曾经有位老师这样告诫学生：如果你想在进入社会后，在任何时候任何场合下都能得心应手并且得到应有的评价，那么你在哈佛的学习期间，就没有晒太阳的时间。哈佛的图书馆里，也有这样一句训言："此刻打盹，你将做梦；而此刻学习，你将圆梦。"的确，任何一个哈佛人的成功，无外乎一个原因——努力学习。

生活中的孩子们，当凌晨四点半的时候，你在做什么？是在黑暗的卧室里沉睡、做着美梦？还是已经在灯火通明的自习室里开始一天的学习？也许大多数人的回答是前者，你也许会认为："才四点半而已，何必把自己弄得那么紧张？"然而，如果你走在哈佛校园里，你会发现，无论是阅览室，还是自习室，乃至于河边的路灯下，都已经坐满了在静静看书、认真预习、复习和晨读的哈佛学子们。即使到了深夜，这些学生们也会继续留在图书馆和自习室看书、学习，整个哈佛校园就是一座不夜城。

同样，每一个学生都要向哈佛学子学习，要让你的一天更充实，就要从早起开始。可能对你来说，四点钟起床并不现实，但也应该提前起床。有一些学生总是起床磨磨蹭蹭，七点才起床，然后匆匆忙忙上学，不是忘记带书，就是不吃早饭，这样怎么能好好学习呢？

另外，一些孩子说，每天学习到深夜，早上根本起不来，但其实，通宵学习并不是明智之举，那些成绩好的人，他们都不会打疲劳战。

2.起床前花几分钟时间规划好一天的工作和学习

早晨的时间，你可以做个简单的时间段划分，一部分是从醒来到起床，另一部分是从起床到出门。这样分法是为了在每一个时段内，安排不同的使用目的。

其实，当你的闹钟响了，你不必像听到"必须要起床"的哨子声一样，醒来后，你不必要立刻起床，你可以躺在床上，将一天的学习计划先安排好，或者思考一些疑难问题的处理方法。等到将所想的事情都整理妥善之后，再起床。

这个方法有以下的几个优点：

第一，清晨卧室里阳光洒进来、宁静安详，你可以安静地思考问题。

第二，人在休息了一整夜之后，思绪会得到优化，你很容易就想出好点子。工作上如果发生什么行不通的事情，利用早上这段时间，很容易找到解决的对策。

但是，如果你习惯性赖床，那么，当你还没想出对策前，又进入梦乡了，如果你是这种人，最好立刻起床。

3.一定要吃早饭

不少孩子因为喜欢赖床，出门前时间不够，往往只好牺牲早餐。其实，饿着肚子学习，效率更低下，所以无论如何，都别亏待你的胃。

不得不说，早晨真的如此重要。那么，为什么不充分利用早晨的时间呢？每天有二十四小时，无论是谁，一天二十四小时的事实都不会改变。而如何使用这二十四小时，决定了你的工作效率。从现在起，你不妨养成早起和充分利用早晨时间的习惯吧，相信你会从中获益不少！

双休日应该休息，但也别停止学习

我国实行双休日后，无疑给学生们创造了更广泛的、可自己支配的空间，每年52个双休日就是104天时间，这是一个不小的数目，孩子们最喜欢的就是双休日，因为一到双休日，就能愉快地玩耍了，但这并不意味着到了双休日你就可以完全不顾学习、只顾娱乐了，实际上，那些成绩优异的学生，在双休日从未停止过学习。

下面是两位成绩优异的学生的体会：

"有的同学把学习当成享受，他们觉得双休日可以全由自己来支配，一天效率是平时上学的两倍，这样一来，每年生命便延长到了469天。而不善利用时间的同学呢，这两天懒惰下来，周一还要重新鼓动，一年生命还不到261天。可见，把握好双休日，对我们来说是至关重要的。"

"到了小学高年级以后，双休日更要以学习为主了，但不一定以学习课堂知识为主。有的专家认为，平时课堂知识没有学好的，应以复习课堂知识为主制订学习计划，其他则应以阅读课外知识性读物为主，适当的辅以课内重点内容的复习。一般来说，双休日两天，总共安排的学习时间以8～10小时为宜。其他时间，可以根据自身的环境和条件，如到野外放风筝、游园、打羽毛球、滑旱冰，还可以在家里搞一搞家庭读书报告会、诗歌朗诵会、卡拉OK演唱会、猜谜晚会等，过一个融知识性、趣味性、科学性于一体的双休日。"

可见，对于学生来说，面对双休日，尽管你可能有很多种安排，但对学习阶段的你来说比较可行又有益处的过双休日的办法还是以学习为主。

当然，你也不能将两天时间全部花在学习上，还应该适当休息，做到劳逸结合。

那么，具体来说，你怎样安排自己的双休日呢？

（1）适当安排时间复习、预习课本内容，做到"温故而知新"，每天不少于2小时。

（2）晚上看电视、上网不要超过21：00再休息，要养成良好的作息习惯，当然，早上可以适当多睡会。

（3）加快学习的节奏。人在精神良好的状态下工作、学习、做事，效率和效果都会最佳，而适当地加快做事节奏，可以有效地刺激大脑，振奋人的精神。在一个小时内应完成的学习任务，不应拖拖拉拉利用两个小时去完成。在学习时，加以时间限制以使自己有一个紧迫的时间观念，防止拖沓。同时，做事节奏一加快，就可以把节省下来的时间做一些文体活动和休息调整，充实活跃自己的生活，从而更加有效地清除心理上疲劳感，使注意力更容易集中。

（4）生活上丰富多样化。在周末，你是可以放松一下的，如打球、听音乐、看电影、读一些杂志、下棋等，这样可以调节因学习而造成的心理疲倦。

（5）要走向社会。每星期不少于半天时间融入社会，观察身边的人和事，观察社会的变化。一是人走进自然心情就会开朗了，二是作文来源于生活而高于生活。只有平时多看、多想，作文才不会空洞无味，才不至于干涸，不然则言而无味，无话可写。

（6）进行体育锻炼。体育锻炼能让人产生一种驾驭感、超越感。因此，在体育活动后，人会心情愉快，精神饱满地投入工作和学习中。

（7）多帮父母做家务，有空的时候去社区看看敬老院的孤寡老人，多给他们力所能及的帮助。

总之，双休日的实行给了学习阶段的孩子更多的自主空间。如果能合理安排时间，则有利于你发展。你要做到学习、娱乐相结合，书面作业与口头作业相结合，课内作业与课外阅读相结合，学会自己安排学习生活，安排作息时间。只有养成合理的作息习惯，你的双休日才有收获。

积少成多，别将大把的零散时间浪费掉

人们常说，时间是公平的，我们每个人的一天只有二十四个小时，所以应该珍惜时间去充实自己，爱因斯坦说："人的差异产生在业余时间。"这位大科学家的话里，就可以看出他是多么重视、珍惜时间，同时也是运用时间的能手。

对于没有进入升学考试阶段的孩子来说，学习压力相对轻松些，自己可以支配的时间比较多，但这并不意味着你就能放松学习，因为此时你需要为未来的学习打好基础，才能在以后的学习中轻松驾驭，所以，你要充分利用一切可以利用的时间来学习。

其实，每个人的生活中都有很多零散的时间，这些时间加

一起的数字不容忽视，比如等车的时间、临睡前的时间、提前到校的时间等，这一段段的零散时间，看起来短暂，但积累起来却不少。每个人一天的时间都一样，但是善于利用零碎时间的人，就能得到更多的益处。

下面是两个成绩优异学生的学习心得：

"我非常注重零散的时间，在等车、坐车、吃饭、行路时都带着卡片，时不时拿出来瞧两眼，日积月累效果还蛮不错。"

"别小看了零碎时间，坚持利用下来，你会发现受益匪浅。记得从三年级开始，我就是利用每天早上早操之前的10分钟背诵英语单词。结果小学毕业的时候，初中的英语课本拿到手上，我已经能自学了。"

这里可以看出，作为学生，要想取得好成绩，就要充分利用一切可利用的零碎时间。而从另一个角度来看，与零碎时间相比，大块时间的学习其实更容易导致疲劳的积累，使学习效率受到很大影响。零碎时间的学习能保持大脑的兴奋状态，效果极佳。而且，利用零碎时间学习一些必须熟记的生词、公式、规则等，有利于反复记忆，加深印象。利用零碎时间的技巧很多。比如，你可以准备一个随身携带的小本子，记上要背的单词和知识点，有空就读一遍；在起床、洗脸、刷牙、就餐等活动场所的墙上，钉上一个和视线等高的小夹子，夹上一张卡片，卡片上写上当天要背的单词、公式等；还可运用录音机，把要背的知识内容录下来，吃饭、洗脚的时候都可以听。

总之，利用零碎时间学习，不仅会明显提高你的学习效率，还能培养分秒必争的好习惯。

学生的大部分时间都是在老师掌控之下，很难有自主时间。若不善于利用零碎时间去处理学习问题，很难做到轻松学习。究竟从哪些方面挖掘，怎样利用这些时间于学习之中，我们有如下观点：

1.善于利用课堂时间的"零布头"

课堂上有些时间是可以自己掌控的，比如，老师进出教室前后的时间，上课铃响的那段时间内，教室里多半比较嘈杂，此时，你应该让自己静下心来，对课堂内容进行预习。

而在老师板书的时间段里，你不应该和同桌以及前后座交头接耳，而应该赶紧回想一下刚学过的内容，并对这些知识着重思考或强化记忆，也能解决很多问题。如果你总能把握课堂上的零碎时间做复习巩固，也许在课堂上就解决了课下复习问题。实际上一节课要掌握的东西没多少，只要争取时间就能轻松搞定。

2.善于利用等待的时间

可能你每天都会有这样一些时间是处在等待中的，比如，等车、排队等。等待很长时间让人觉得很无聊，如果你拿出平常准备的问题本，进行回忆和思考，或者拿出课本去记一些单词，那么，经常这样，就会使学过的知识变为牢固的记忆。

3.善于利用走路的时间

很多同学都是骑自行车或徒步上学，如果打算在上学途中记忆或思索一两个简单问题，也能轻松完成，关键是要有问题意识和善于思考的习惯。有时和同学们结伴而行，这时如果同学们相互争论一些学习问题，或相互提问一些要背诵的问题，记忆会更快捷，更牢固。

4.善于利用睡觉前的时间

你可能也发现，当你躺上床之后，进入睡眠状态还需要一段时间，此时，你可以将白天学习过的知识在大脑中过一遍，起到回忆和思考的作用，记不起来的地方，要么马上翻看书本或笔记，要么记着第二天早上翻看。养成这些习惯，你就能使学过的知识能够及时复习，还能达到学而三思的效果。

5.善于利用和老师同学交流的时间

一些学生习惯跟同学交流一些与学习无关的话题，甚至在课上都有说不完的话。还有一些学生，一见到老师就躲，其实，老师和同学都是你应该交流的，他们能帮助你在学习上有所提高。因为有的问题能够自己解决，达到大疑大进，小疑小进。有的问题百思不得其解，可以多准备一些这样的疑问，与同学进行交流或者请教老师。

总之，学习是一件需要我们认真对待的事，作为学生的你，只有珍视一点一滴的时间，才能及早完成任务，及早着手复习，才能腾出时间做自己想做的事。

珍惜时间学习，但也不能搞疲劳战术

前面我们提及，任何一个孩子，在学习上都不能太放松，为此，一些孩子会选择压缩睡觉的时间、压缩吃饭的时间、压缩休闲娱乐的时间等，把一切学习以外的时间都压缩到极致，仿佛就是学习的终极目标。

甚至有些学生为了花更多的时间学习几乎达到了自己的生理极限，但进步仍然十分有限。看到自己在非常痛苦地看书做题，有些成绩比自己好很多的同学却似乎很悠闲的样子的时候，他们会想，如果时间利用都到了这步田地，自己还有再改进的余地吗？

实际上，你一定要明白时间和成效的关系，它们并不是一直成正比的。对此，我们不妨先来算一笔时间账：

中等努力的学生，包括上课一天用在学习上的时间大概有10个小时。这个时间长度可以保证他每天有充足的睡眠、足够的时间来休息。如果你要拼命的挤时间，大概能多挤出来多少呢？假设你每天只睡6个小时——这已经很夸张了，偶尔一天只睡6个小时可能觉得没什么，而如果连续很长一段时间的话，很多人都会受不了。然后三顿饭总共只用一个小时，用在走路上的时间也要一个小时，用在洗脸漱口上厕所以及其他杂务也要一个小时。这样算下来，你每天用来学习的时间达到了16个小时。这样，你比别人的学习时间增加了60%。

　　这是一个可喜的数字，实际上，每天多60%的话累加起来确实相当惊人。一个人如果真的能这样坚持下来，取得进步也是理所当然的了。

　　不过，这笔账漏掉了一个很重要的东西——人与人之间的差异。比如，针对同样的学习内容，有些学生看一遍就能理解或者能记住，但换成另外一个同学，可能就需要两倍或者更多的时间。不难发现，成绩好的同学，在同一个问题上所花的时间确实比学习差的同学少很多。有研究证明，他们之间的差距是，前者一天学习10个小时的效果反而比后者学习16个小时还要高出25%！换句话说，你付出了比别人多60%的努力，却换来比别人低25%的效果。

　　这是一个令人诧异的事实，尽管这个效率的差距可能不是2：1，但结论本身不会有太大的变化。如果考虑到一天学习16个小时，如此高强度的学习会让人身心疲倦、无法集中注意力、学习效率大幅度下降，那么这种效率上的差距只会更大。这就是为什么越是学习成绩差的同学，越觉得时间不够用；而越是成绩比较拔尖的同学，越觉得时间多的用不完。

　　学习好的人，因为看书做题很轻松，时间剩下很多，可以用来让自己取得更大的进步；而为学习苦恼的人，因为看书做题都很痛苦，效率低下，每天连老师布置的作业都难以完成，根本挤不出时间来学习，只能越来越痛苦。学习成绩的"贫富差距"越拉越大。

事实上，争分夺秒地抓紧时间学习固然好，但要保证学习效率。拼时间、搞疲劳战术不可取，这样会影响学习效率，为此，你要注意劳逸结合。

贝贝是五年级某班的学习委员，在提到学习心得时，她说："劳逸结合使学习不断进步。"贝贝的爱好是打羽毛球，每次，当她学习累了的时候，她都会找几个朋友或同学痛痛快快地杀几个回合。曾经一次月考失利时，她将沮丧倾诉给了汗水，一场羽毛球下来，忧愁全无。贝贝说，从来不熬夜的劳逸结合方式可以让学习效率日益提高。

从贝贝的经验中，可以发现，会学习的人都不会选择疲劳战术，他们能够成为学习上的尖子生，也是深谙"学要学个踏实，玩要玩个痛快"的精神。

那么，在学习中，你该怎样做到劳逸结合、调整自己呢？

1.统筹兼顾、合理安排

你应该合理分配学习、休息的时间，做到劳逸结合，把握好生活节奏。

2.保证睡眠，事半功倍

高质量的睡眠永远是最有效的休息方式。无论是在平时还是临考，你都要调整好自己的作息时间，坚持早睡早起。另外，要防止失眠，你要调整好心态，放松心情才能很快入睡。

3.没必要补课

那些学习成绩优异的孩子，都坚持一个观点——没有必要补课，的确，学习讲究的是方式、方法，打疲劳战术是最不可取的。学习不像人们想象中的那么可怕，根本没必要将所有时间都投入到学习中，只要课上认真听讲，多和同学交流，把错误的题及时弄懂，是很容易学好知识的。

4.留出一些机动时间

可能你会认为，忙碌的一天才是充实的一天，你也许还会把自己一天的时间安排得满满的，但一遇到突发事件，就手忙脚乱了。其实，你应该学会合理规划时间，留出一些时间处理突发情况，即使没有出现这些突发事件，你也能给自己一个放松和休息的机会，或与父母、朋友联络一下感情等。

总之，每一个渴望提高成绩的学生都要明白一点，单纯靠挤时间是没用的，你必须记住，世界上有比时间更重要的东西：效率。任何一个人，一天都只有24个小时，再怎么挤也是有限的。但是时间利用的效率是可以成倍提高的，提升的空间很大。当我们在思考如何利用时间的时候，首先要想到的不是怎么样去从哪里抠多少时间出来，而是怎么样提高现有的时间利用效率。

学习压力再大也要留出30分钟午睡时间

提到睡眠，生活中的孩子们，可能你会很自然地想到晚上的8小时睡眠的重要性，并且老师和家长也会经常告诫你必须要睡够8小时，其实不止，那些高效学习和工作的人更有午睡的习惯。不得不说，一些学生，尤其是学习压力大的学生因为太忙而放弃午休，殊不知，午休是一种获得体力和精力的不可或缺的方式。

佛罗里达大学的一位睡眠研究专家说，午休其实是人类自我保护的一种方式。在久远的时代，人们午休可能是为了躲避室外炎炎烈日，后来逐渐演变成一种生活方式。那时候的人类聚集在暖热地带，而人们工作的场所主要是在户外，因此午休成为人们避免遭受热浪袭击的方法。

德国的研究者坎贝尔认为，睡眠周期是由大脑控制的，随着年龄的增长而发生某种变化。他同时发现，午休是自然睡眠周期的一个部分。

另外，在希腊，也有个研究，在对23681人进行调查的结果现实中，在一周之内午睡的人患心脏病的几率比那些不午睡的人要低37%。此外，难治性高血压、糖尿病等，也都与睡眠密切相关。

睡眠专家们研究发现，我们人体所需要的睡眠不只是在夜晚，白天也需要，且有三个睡眠高峰期，分别是上午9时、中午1时和下午5时，尤其是中午1时的高峰较明显。也就是说，人除了夜间睡眠外，在白天有一个以4小时为间隔的睡眠节律。专家们认为，人白天的睡眠节律往往被繁忙的工作、学习和紧张的情绪所掩盖，或被酒、茶之类具有神经兴奋作用的饮料所消除。所以，有些人白天并没有困乏感。然而，一旦此类外界刺激减少，人体白天的睡眠节律就会显露出来，到时候会有困乏感，到了中午很自然地想休息。倘若外界的兴奋刺激完全消失，人们的睡眠值亦进一步降低，上下午的两个睡眠节律也会自然地显现出来。这便是人们为什么要午休的道理。

研究还表明，午休是正常睡眠和清醒的生物节律的表现规律，是保持清醒必不可少的条件。可能不少孩子也体会到，在午休后学习效率会大大提高。具体有以下表现：

1.消除疲乏

国外有资料证明，在一些有午休习惯的国家和地区，其冠心病的发病率要比不午睡的国家低得多，这与午休能使心血管系统舒缓，并使人体紧张度降低有关。所以，有人把午休比喻为最佳的"健康充电"，是有充分的道理的。

许多人都有午餐后疲倦的烦恼。英国学者就这一现象进行研究，发现每日午后小睡10分钟就可以消除困乏。据德国《星期日图片报》报道，在德国越来越多的上班族有了午间在办公室休息的习惯。

2.预防冠心病

午睡不仅能提高工作效率还能预防冠心病。据医学家研究观察，每天午睡30分钟，可使体内激素分泌更趋平衡，使冠心病发病率减少30%。研究者认为，地中海各国冠心病发病率较低与午睡习惯是分不开的。而北欧、北美国家冠心病发病率高，其原因之一就是缺乏午睡。成人睡眠不足4小时者，其死亡率比每晚睡7~8小时的人高180%。这就提示人们，晚间睡眠不足，如能在午睡中适当补充，也将有益于延年益寿。

3.调节心情

免疫学专家说，午餐后为帮助消化，身体会自动改由副交感神经主导，这时睡个短觉，可以更有效刺激体内淋巴细胞，增强免疫细胞活跃性。西班牙医学研究显示，每天午睡30分钟，体内激素分泌更平衡，心血管系统疾病发病率也可减少30%。美国哈佛大学心理学家写了一篇报道，刊载在最新的《自然神经科学》期刊上，内容显示，午后打盹可改善心情，降低人体紧张度，缓解压力，效果就像睡了一整夜（8小时）。

那么，对于午睡你该注意些什么呢？

1.不要饭后即睡

刚吃了午饭，胃内充满了食物，消化机能处于运动状态，如这时午睡会影响胃肠道的消化，不利于食物的吸收，长期这样会引起胃病，同时，也影响午睡的质量。宜饭后半小时入睡。

2.注意睡的姿势

一般认为睡觉正确的姿势是以右侧卧位为好，因为这样可使心脏负担减轻，肝脏血流量加大，有利于食物的消化代谢。但实际上，由于午睡时间较短，可以不必强求卧睡的偏左、偏右、平卧，只要能迅速入睡就行。将裤带放松，便于胃肠的蠕动，有助于消化。如果是趴坐在桌子上午睡的话，最好拿个软而有一定高度的东西垫在胳膊下，这样可以减小挤压，比较容易入睡。

3.时间不宜过长

午睡时间不宜过长，以10~30分钟为宜。此外，有几种人不宜午睡：65岁以上，体重超过标准体重20%的人；血压过低的人；血液循环系统有严重障碍的人；特别是由于脑血管变窄而经常头昏、头晕的人。因此，在午睡时一定要根据自己的情况科学地进行。

总之，对于学习阶段的孩子来说，午睡能帮助你恢复大脑、获得即时能量，在下午的学习活动中，也会效率更高。

主动休息，避免长时间连续学习

在很多家庭中，父母们唯一希望的就是孩子能好好学习，且希望孩子争分夺秒地抓住时间学习，不叫一日浪费，因此，对于这些孩子来说，他们每天的生活大部分都是围绕着"吃饭""学习""睡觉"，甚至不参加任何身体锻炼活动和业余生活，中午吃饭只是"凑合"。他们恨不得"将每一分时间和每一点精力都拿来学习"。其实，他们往往只看重一时需求，却忽视了长远的影响；只注重学习时间的累计，却忽视了学习效率的提高。其实这样的做法并不科学，不利于压力的及时释放，非但难以促进学习，反而会使学习效果大打折扣。因而，我们可以说，在学习过程中，一定要避免长时间的连续学习，注意劳逸结合才能保持精力充沛，才能使注意力集中。

我们来看看下面这个学习小故事：

晓军是个乖巧的孩子，一直努力学习，花的时间也比别人多，但似乎就是记忆力不大好，他一度怀疑自己是不是有健忘症。快期末考试了，他越发发现自己无法集中精力学习，上课不停地开小差，总想一些不相干的事，看到身边的同学都在全神贯注地学习，他更加着急，但越着急则越容易开小差。由此，在几次测验中，他的成绩也越来越糟，原来是班里前十名，现在退到十五六名。于是，他不得不求救于心理医生。

"你现在花在学习上的时间多吗？"

"是的，但不知道为什么，花的时间虽然多，却不见什么成效。"

"根据你以前的经验，如果整天为不能将所有精力放在学习上而着急，并一味增加学习时间，减少睡眠与休息，会有什么样的结果？"

"好像越来越糟糕。"

"那也就是说，你也认为越是着急，越是给自己加压，情况越是糟糕？"

"嗯，是的！"

"既然如此，为什么还要着急呢？"

"我好像会控制不住自己。"

"好，现在假设我们换一个态度，我们自己只要尽力了，那么，就对得起自己和父母了。成绩怎样那是老天爷的事，这样会有什么样的结果？"

"可能会放松一些。"

"嗯，既然你能这么想，那就好办多了。举一个例子，假如两个同学同是70分成绩的实力，一个极力想考80分，加班加点，终日紧张，学习效率下降，考试时发挥不出水平，最终只考60分，另一个比较接受70分的现状，该学时认真学，该玩时也放松玩，最后考试发挥出色而考出80分的好成绩，你能理解吗？"

"能……"

从晓军遇到的情况，不难看出，在学习这一问题上，晓军之所以会出现记忆力差、考试成绩不断下降的现象，是因为不断给自己加压，他要让自己把所有的精力都用在学习上，这是一种苛求自己的态度。但事实上，你掌握的了自己努力的程度，却把握不了最终的成绩。因此，对于学习阶段的孩子来说，从学习效率的角度来考虑，你在学习中一定要注意劳逸结合。该休息的时候就休息，该学习的时候就学习，休息时间能不谈学习就不谈，否则很容易造成自己紧张。

要做到劳逸结合，你就要做到：

1.主动休息

效率专家认为，学习40分钟，就应该主动休息10分钟。其实这是有科学依据的，人在经历了一段时间的工作和学习后，兴奋度会降低，如果再持续进行这类工作，那么这些外界的刺激就不会使大脑皮层兴奋，甚至会引起抑制。要使大脑的功能一直保持旺盛的状态，就要让大脑的兴奋区和抑制区经常轮换。因此，你在学习40分钟后，就应该站起来走出学习区，呼吸些新鲜空气，活动一下筋骨。

2.多参加体育运动

身体是"学习的本钱"，没有一个好的身体，再大的能耐也无法发挥。因而，你要做到劳逸结合，不要死读书而忽视了锻炼身体。

3.保证充足睡眠

无论你现在的学习压力有多大，睡眠时间绝对不能低于6小时，这是睡眠底线，不能突破。可以说，当人们累了的时候，睡觉是最好的休息方式。

4.科学用脑

在保证营养、积极休息、进行体育锻炼等保养大脑的基础上，科学用脑，防止过度疲劳，保持积极乐观的情绪，能大大提高大脑的工作效率。

　　总之，只有合理安排时间、注意劳逸结合，你才能真正提高学习效率，获得良好的学习效果。

第07章

做好预习和复习，学习先人一步

　　古语说："温故而知新。"经常复习才能提升记忆效率，不过要掌握知识，除了复习，还要预习，然而，到底什么样的方法才更有效呢？其实，因为个体存在差异，适合每个人的预习和复习方法都不同，只有适合自己的方法才是有效的。当然，任何事物都是有规律可循的，你可以多学习那些成绩优异的孩子的预习和复习经验，并形成自己的方法，相信能对你有所帮助。

做好课前预习，听课时能有的放矢

在中国的课堂上，"满堂灌"可以说是一大特色，表现为老师在讲台上滔滔不绝地讲，学生在台下无精打采地听。很多孩子可能也已经习惯了这样的学习方式，然而，你发现没，你是否经常感到学习很吃力、感到无法消化课堂知识？其实，如果你能在课前做足准备，那么，在听课时，你就能做到有的放矢，听课效率自然高得多。

凡是学习成绩优异的孩子，都有预习的习惯。的确，课前自学有点像作战时的战前侦察，哪是明碉，哪是暗堡，哪是最坚固的地方，哪是薄弱环节等都能通过预习了解。

的确，课前准备在学习中的帮助是多方面的。

首先，独立的课前准备能帮你独立地阅读和思考新知识，从而加快阅读速度，也有助于你提高分析综合和归纳演绎、判断、推理等能力。

其次，课前准备能帮助你发现知识上的不足，从而做到查缺补漏。

而最为重要的是，课前准备能提高你听课的效果。当你带着不懂的问题听课，目的明确，态度积极，针对性强，注意力容易集中，并能随时作出积极的反应。预习后不仅上课容易跟上老师的思路，而且在老师讲到自己已经懂得的那部分知识时，还可以把自己的思路和老师的思路进行比较，以取长补短，提高思维能力。

星星现在已经上初中了，从小学的时候，他的成绩一直就名列前茅，他学习成绩好的一个制胜法宝就是：预习和复习工作做得很到位，这一点是已经上重点大学的姐姐告诉他的。

星星很注重复习，每天放学回家后，他都会花一点时间，将课堂知识重新巩固一遍，对于那些没有弄懂的知识，他会寻求爸妈的帮助。而同时，他也很注重预习。正因为如此，他在上课的时候，似乎老师要讲什么，他都知道。这天课间时间，同学们凑在一起聊天。

"我爸和我妈似乎一天都很忙，我放学回家，他们只会叮嘱我要好好学习，而从来不会花多少心思在我的学习上，更别说辅导我预习功课了。"一位同学这样谈到自己的学习。

"我爸妈倒不是，他们对我是盯得太紧了，我一回家，他们就会问我当天学了什么，从小学到初中这些年都是这样，这倒是一个很好的回顾、复习课堂内容的好办法，但回答完以后，我哪里还有多少时间去预习新课程？所以，我经常会觉得老师上课的内容很陌生……"

这时候，班主任老师也走过来加入学生们的谈话："我认为各个层次的学生都需要预习。成绩好的，预习工作可以跳出课堂跳出学科，拓宽视野。而对学困生来说预习更重要，否则讲课时往往会被老师牵着鼻子走，没有一点自己的主动性，听课很累。而预习之后，假如这堂课上的三个知识点，他能提前弄明白一个甚至两个，那么就能较快进入课堂，听讲中也有侧重点和针对性。"

"是啊，预习和复习在学习过程中都很重要，一样都不能落下啊……"

的确，可能很多孩子会认为，复习在学习过程中很重要，而其实，课前准备也同样重要。当然，前提是你必须要掌握科学的预习方法。如果预习不得法，有时反而会适得其反。有时候，在准备的过程中，你原本只是抓住了一点皮毛，反倒认为自己都弄懂了，上课就不注意听讲，这样就把知识的来龙去脉等重点错过了，显然是捡了芝麻丢了西瓜。

为此，你需要掌握以下两点课前准备的方法：

1.根据老师平时的上课方法预习

在制订自己的预习方式时，最好先想想老师的上课方式是怎么样的，或索性直接去问一下老师，怎么样预习。因为预习的目的是课堂能听得更好，而课堂计划是由老师来制订的，所以你的预习也要与课堂配套起来。

2.与习题配套预习，以便帮助查缺补漏

这就意味着，你在认真投入学习之前，先把要学习的内容快速浏览一遍，了解学习的大致内容及结构，以便能及时理解和消化学习内容。当然，这要注意轻重详略，在不太重要的地方可以花少点时间，在重要的地方，可以稍微放慢学习进程。
另外，在准备前，你可以购买一本与课本配套的练习册，买练
习本时特别注意，别买参考答案只有简略答案的那种，而要选
择有详细解答过程的，这样有助于你理顺思路，做错了也能弄
明白为什么错，对于不懂的地方就要做出标记。

🧑 合理的、适合你的复习计划，才是最有效的

古人云："凡事预则立，不预则废。"无论是工作还是学
习，都十分重视计划的重要性，好的计划等于成功的一半，对
于学习阶段的孩子来说也是如此。学习要有计划性，其中就包
括复习，复习和预习同样重要，虽然老师在课上已经将知识传
授给你，但能不能消化知识和记住知识，还要看课后复习。

对此，我们不妨先来听听下面这位中考状元是如何做到坚
持复习的：

在采访时，这位状元说，她的父母都是初中老师。在得知
自己的成绩时，自己和家人都很激动。她说，虽然得到好成绩
是正常的，但没想到自己能成为理科状元。她告诉记者，自己
能取得好成绩，也是因为自己在枯燥的复习中能够坚持下来，
她觉得这种坚持很重要。

在这次采访中，她说想告诉学弟、学妹们，考前的复习一

定要有计划。如果在复习中感到很枯燥，一定要坚持下来。

你可能会认为：老师不是在课堂上为我们安排好了复习计划吗？只要跟着老师的步子走就没有问题，又何必再费劲呢？这种想法极为不对，因为老师安排的复习计划是针对群体而言的，并不适合每个学生，所以，你应该针对自己的情况，再制订一个适合自己的复习计划。这样两方面相互照应、配合，才会取得最佳的学习效果。

下面，我们再来听听这位"学霸"的复习心得：

他说，我们可以制作一套表格，然后将那些实施效果栏分都分别填入A、B、C，比如，字母A可以代表"复习效果良好"，B就代表"复习效果一般"，而C就代表"没有实现预期的复习效果"，后期的复习中，对标A的内容就不必花费更多的时间，标B的内容就要在做题过程中多加注意，标C的内容考生必须重做复习计划。

另外，他提醒其他学生，在制订适合自身的复习计划时，要注意要达到考试要求的考查程度，在各个时间段结束之后，有必要根据复习情况填写实施效果栏，并把在该部分复习时总结的易错题目类型填入相应表格中，以便冲刺复习时更有针对性。

而对没有复习到位的知识，一定要在补救措施栏填好之后继续复习的计划，并在备考提示的重要事项备忘栏中进行备注，方便检查落实情况，真正做到不留考点死角。

　　从这里，我们可以看到在制订复习计划时的一定要注重复习效果，并记录在案，这一点很值得大家学习。

　　那么，你可能又会产生疑问，到底什么样的计划才是真正适合自己的呢？其实，只要你在制订计划时多注意以下几点即可：

　　1.个人复习计划应该与老师给出的计划相协调

　　个人计划不能与老师的计划相冲突，而应与其协调起来，作为其有益的补充，这样既抓住了复习的主体又兼顾到自己的具体情况。

　　2.合理安排各科复习时间

　　根据自己对每门课的掌握情况，应合理分配各科复习所需要的时间，弱项多分配一些时间。另外，从制订计划开始到考前，对相应科目的复习遍数，以及每遍所采取的复习方式和所应达到的程度，最好都有明确的规定。

　　3.复习时间的安排要细化

　　以一周为单位，除上课外，有多少时间可用于自己复习？把这些时间以1小时或1.5小时为单位划分成时间段，根据不同的时间段，安排相应的复习内容。计划制订得越精细、越明确，越有利于提高复习的效果。

　　4.合理安排，弹性安排，没必要超负荷运转

　　可能一些学生认为，必须要抓紧时间学习，因此，在制订学习计划时一定要把时间安排得紧些，这样，才能让自己拼命

学，实际上，这种复习计划是不合理的。

的确，每个人的精力都是有限的，尤其是处于成长期的你，更没有必要超负荷运转。在制订计划时，一定要把体育锻炼、看电视等运动、娱乐的时间适当留出一些。一天的活动要富于变化，各有固定的时间和步骤，健康、有规律的生活，才是有效学习的基础。

另外，制订计划时，你还要考虑很多因素，比如现在的学习情况、家庭环境、体质、最佳用脑时间、各科的难度特点等。

总之，你需要明白的是，制订复习计划不是目的，只是学习的一种打算，一种安排，是借此来循序渐进地获取和记住知识的一种手段。因此，复习并不是越详尽、时间安排越紧，就越有助于你提高学习成绩，只有合理的、适合自己的复习计划，才是最有效的。

复习不是一时兴起，需要每天坚持

无论是中学还是小学，学习的内容都有很多，要想在课堂上一次全部记下来并消化理解是根本不可能的，所以及时复习是非常必要的一环。除了跟随老师在课堂上复习外，更多的是根据自己掌握知识的情况及学习中出现的遗忘等现象，做好课外复习工作，复习不应是机械地重复几遍，而是把学过的知识更加系统化、条理化，纳入整个知识体系中。

事实上，不少孩子已经认识到复习的重要性，他们也能找到正确的复习方法，但是他们很多人并未从复习中获益，其中很重要的一点原因是他们并未做到坚持每天复习，"三天打鱼两天晒网"，学习到的知识无法牢固地串联起来，怎能有好的复习成果呢？

因此，教育专家建议，每个学生都要做到像吃饭穿衣一样坚持日常复习。的确，复习有时候是非常枯燥的，读、写、背、做题是永恒的主题。没有坚强的意志，想学好是不可能的。唯有持之以恒，将自己的各项计划按时完成，最终才能取得满意的效果。

"学而时习之，不亦乐乎！"上课结束后，你一定要及时复习巩固知识，那么怎样做到坚持复习且进行系统的复习呢？

那就要有一定的计划，再把计划变成一种习惯。首先把每天学习到的知识，回家看一遍、记一遍，加深印象。然后过一段时间，再把以前学过的知识时不时地复习一下。等到期末考试时，再来一次系统全面的复习。这样"学而时习之"，成绩必然会有更大的提高。具体的复习要点如下：

（1）复习当天内容。要求你在听讲之后尽早进行复习，可减少遗忘。同时可使新旧知识联系起来，搞清楚知识前后的联系和规律。

（2）综合运用多种形式的复习方式。复习是对信息的重新

编码，可采用看、听、记、背、说、写、做等多种形式复习整
理知识，不必一味机械重复。科学指出，复习的效果在于编码
的适宜性，而不在次数。

（3）复习单元内容。这一般在测验和考试之前进行，这种
复习重点领会各知识要点之间的联系，要抓重点和难点，并使
知识系统化、结构化。对错题进行再次练习被证明是提高成绩
的法宝。

（4）充分利用假期时间巩固和复习。每年的寒暑假及劳动
节、国庆节学生闲暇时间较多，除完成作业外，你还应适当复
习，防止遗忘。在节假日，你可以适当阅读课外书，加深和拓
宽对知识的理解、巩固和运用。

以上这些复习方法是众多成绩优异的学生们的共同经验，
掌握这些复习方法，对学生们来说也是很重要的。总之，对于
学习阶段的你来说，必须要认识到每天坚持复习的重要性，你
只有将坚持复习和良好的复习方法结合起来，才能真正在学习
上有所收获。

重视笔记，笔记是复习的重要方面

对于每个孩子来说，也许都想拥有一个好成绩，都希望名
列前茅。事实上，那些成绩优异的学生们都有自己的一套学习

方法，但其中都绝不会缺少一项——重视笔记。

　　的确，笔记是学习过程中的一个总结，是学习的精华所在。在学习的过程中养成做笔记的好习惯不仅是对知识的巩固，同时也是复习的一个重要资源。笔记是曾经认真记录的内容，复习时再次看到这些内容会感觉很熟悉，结合笔记回忆教材的内容，很多知识点自然被串起来，一时不理解的内容再回归教材仔细查找，不会遗漏知识点。

　　可见，做笔记，还有一个最大的好处就是在复习的时候能给你一个有效的指导。复习的时候一定要看着笔记进行，因为它记录下来的都是这段时间学习的重点，根据上面记录的重点有针对性地去复习，对自己掌握不牢固的地方进行重点突击，考个好成绩自然就不成问题。如果没有笔记的指导，那就可想而知了，复习的时候抓不住重点，找不到自己的薄弱点，或是觉得哪都是自己的薄弱点，胡子眉毛一把抓，结果既浪费了时间和精力，又不会有好的考试成绩。

　　毫不夸张地说，系统的复习笔记是极难得的学习备忘录，为自己复习阶段或临考前的复习提供了很有使用价值的资料。

　　做笔记不仅能帮助你集中注意力听课，而且给你提供宝贵的学习材料。为了最好地发挥这种学习材料的作用，你必须多次复习笔记内容。

　　下面是另一位成绩优异的中考学生的自述：

　　"当朋友问及为何我能够如此轻松，是不是做了大量的习题，我很不好意思地笑了，说自己根本没做过任何题，就是不停地看书。我在考试前一个月向其他人借了一套辅导书籍，也就是考试指定辅导书，然后就开始反复地看，反复地记。自己看书绝不是走马观花似的浏览，而是记忆、理解，将每个知识点印刻在自己的脑海里。而且自己看书非常仔细，将每个细小的知识点都一一兼顾到，绝不因为知识点小不重要就轻易地放过。

　　"在记知识点的时候有一个诀窍，就是一定要进行回想和记笔记。我们认为虽然在一定时间内将知识点记住了，可是时间一长就会遗忘，因此需要不停地巩固。面对这么多的知识点，不可能每天都背同样的内容，所以在背新的知识点的时候，要利用空余的时间将已经看过的东西一一回顾一下，可以是在睡觉时，也可以是在坐车时，我觉得只有时常回顾，才能保证每个知识点不会从记忆中消失。

　　"另外就是一定要记笔记。很多重点问题都记住了，可是往往是不深刻的，例如地理名称、历史人物等，如果在纸上自己手写一遍，将更加加深对这些知识的记忆，凡是经过手写过的知识点，从不会轻易忘记。而且一旦记在纸上，不仅可以将自己的难点、重点提取出来，还可以随时进行复习巩固。在考试中涉及的知识太多了，单靠我们的视觉性的记忆是短暂的，而且无法理清楚知识之间的关联，只有在纸面上自己理了一遍，心里也就有了一个大致的框架，从而做到胸有成竹。毕竟好记性不如烂笔头。

"经过自己的这番特殊的复习，在考试过程中一点都不觉得困难，遇到不会的就标记上叉号，等全部完成了再返回细细琢磨。

"我的复习过程确实特别，没有挑灯夜战，也没有题海战术，只是靠纯粹的理解和记忆就能考出如此好的成绩。也许这种方法也适合很多其他的考生们，因此特意将这种特殊的复习方法提供给大家，希望能够给广大考生带来一定的启示。"

从这名考生的心得分享中，相信你也能发现笔记在复习中的重要性，的确，利用笔记复习还可对知识点进行查漏补缺。复习时，有些知识点虽有印象，但当时可能没有具体记忆，根据笔记的脉络，在复习时，你可以将一些知识点填充进去，不会出现记忆混淆的现象。如能充分利用笔记，完全可以做到抛开课本就能把所有的知识点想起来。

事实上，不少孩子认为，只要上课时将笔记整理好就万事大吉了。其实不然，要将知识真正注入自己的大脑中，你还要经常复习笔记。在不断的复习过程中，你会进一步考虑怎样把已经形成的"知识网"，用最形象、最简明、最醒目的形式表现出来。这种考虑本身就是一种对知识的复习和巩固。

那么，到底该如何复习笔记呢？这包括几个步骤：

一上完课就要开始复习。放学以后，就可以回忆课堂上老师所讲的要点。回想一下教室气氛和老师——甚至老师的姿势、强调语气和黑板上的注释。这会帮助你的大脑记住老师所讲授的要点和思想，并弄清模糊的论点。可以问问自己，老师讲的话是什么意思，他的主要论点是什么？在下一堂课之前，把要问老师的一些问题或者你搞不清楚的一些论点记下来。

然后一有机会你就要开始仔细地复习笔记。在课堂内容记忆犹新的时候，通过复习，在笔记中的空白处填上相应的内容，回答一些你脑中复习讲课时产生的疑问，把在复习过程中出现的问题也写下来。通过复习补充你对讲课内容整体概念的理解，找出它的主要论点或思想（当你将一堂课作为一个整体来看待时，会发现许多论点具有更重要的意义）。按需要把笔记补全，安排在课前或到办公室去问老师，讨论一下你的问题，随后将答案写在笔记本里，否则，你还会弄不懂它们。

当这些笔记"冰冷"时，这类复习方式你可能要花去十到十五分钟，但以后你再复习就不必花几个小时去弄懂它们。复习也能为下一堂课做好准备，因为下一堂课可能正是从现在结束的地方开始的。

在你需要恢复记忆或复习迎考前，也可以将笔记的内容再复习一遍。就是说，将笔记看作一本手抄的书，你就可像用课本一样地用它。如笔记做得完善，那么所起的作用就大。因为教师要考你的是他们所讲授的课程内容，至于这些内容是课本上的还是讲授的，那他们是不会注意的。

总的来说，经常复习笔记，会更容易记住知识，那么，在考前的复习也就变得轻松多了。

通过阶段性复习将知识串联起来

任何一个孩子都知道听课在学习中的重要性，但事实上，只听好课是无法真正掌握知识的。在听完课后，大脑中的知识点就像一个个漂亮的珍珠散落在地，必须通过"复习"这根线，把它们连成一串美丽的项链。可能你经常会有这样的感觉，在老师授课的过程中，你感觉自己已经全部掌握了这些知识，但在一段时间以后，你却已经把那些知识点忘得一干二净了，这是为什么呢？人的大脑都必须经过不断重复的过程，才能对某些事物形成真正的印象。

事实上，那些成绩优异的孩子，他们也并不是智商过人，他们也并非记忆力超人，他们之所以能取得令人羡慕的成绩，就是因为他们懂得复习的重要性，而复习就包括阶段性复习，可以说，阶段性复习是掌握和巩固知识的最佳方法。

关于如何进行阶段性复习，以下是你可以学习的几个方法：

第一，明确复习目标。

复习目标对复习起着导向、激励、调节和评价的作用。复习目标的确定，要依据三个方面：

1.依据教材

复习要从教材整体性出发，按知识体系或按章节单元，抓住重点与难点，考虑复习目标，使你对知识有整体性把握，进一步对重点与难点知识进行加深与拓宽，从多层次、多角度认识重点与难点知识，以求解题时不会遇到大的障碍，紧扣住得分点。

2.依据考试大纲

复习要按考试大纲规定的范围、内容、题型、答题要求落实复习目标。特别是把握题目的难度系数，难度大了会挫伤你复习的积极性和自信心，难度小了又会失去练习与考察的目的。

3.了解自身实际情况

所谓实际就是对自己的认知和能力要了解，以单元复习为例，你要清楚自己的薄弱环节所在，课堂上哪里没有听清楚的，都要在复习时重点对待，只有这样，才能做到查缺补漏、巩固知识。

第二，优化复习方法。

好的复习就像一篇优美的散文，形散而神不散，使得你在获取知识的同时也得到一种精神上的享受。要达到这样的效果，就必须优化复习方法。优化自己的复习方法，你需要做到：

1.以课本为主

试题往往具有新、全、活等特点，知识点多，覆盖面广，问题设计的角度新，题量大，对能力要求高。根据这些特点，复习时既要牢固掌握基础知识，又要会灵活运用基础知识去解决问题，既要全面掌握，又要突出重点。因此，你需要扎扎实实地抓好课本知识点，把课本与资料有机地结合起来，使之互为补充，相得益彰。

2.以课内为主

重视课下复习，并不代表你可以不重视课堂学习，相反，你最好要将问题尽量解决在课堂上，上课前要认真做好课前准备，这样，在课下复习的时候，你也能减小复习难度。

3.以练为主

复习的目的在于真正能运用知识，因此，在阶段性复习中，你最好要做到多练，练的习题要"精"，练的方法要"活"，练的时间要"足"，训练应循序渐进，由浅入深，由简到繁。章节练习抓基础，单元练习抓重点，全面练习抓综合。多练能训练自己的心理素质，使自己在考场上熟能生巧，巧能升华，临阵不乱，沉着应战，克服非智力因素造成的不应有失分。

4.以能力为主

知识和能力二者是密切联系的。知识的存在和增长，的确是能力产生和发展的必要条件。对某种能力的培养和考核，必须以相应的知识为载体。教师在传授知识、技能的同时，重点应放在对自身能力的培养上。

总之，在学习中，你一定要重视阶段性复习，只有做好主动复习，自觉复习，才能真正做学习的主人，才能获得好的学习效果。

要想学习好，做好课后作业也是复习的重要方法

作为一名学生，做作业是重要的学习环节。作业可以帮你复习、巩固已学知识，也可以培养一种动脑筋的习惯，所以说，要想学习好，课后作业是大关，我们先来看看下面的案例：

这天，在语文课上，老师为学生们布置的作文题目是"做作业的好处"，当老师在黑板上写下这硕大的六个字时候，同学们开始在台下窃窃私语起来，老师隐约听到："做作业有什么好的，又伤脑筋。天天没作业做才好呢！在家里玩电脑、看电视、打游戏机，想干什么就干什么，没有作业的困扰，自由自在，不知多好！"

过了会儿，语文老师让大家安静下来，然后语重心长地对大家说："同学们，如你有这个想法就不好了，有作业多好啊！能开发自己的脑袋，让脑袋灵活起来，聪明起来，不会让人瞧不起自己，还可以在知识的海洋里遨游，上课的时候还能回答老师提出的问题。在处于学生时代时，我不喜欢写作业，所以总回答不了老师的问题，看见其他同学回答出来了，我总

是很美慕。所以从那以后，我下定决心一定要认真做作业，经过我的努力，我终于赶上了别人，当老师再次提出问题，我总能回答出来，受到同学们的赞扬和鼓掌，我的心里总是无比自豪。所以我越来越喜欢做作业了，在二、三、四、五年级时当上了班长，我非常高兴。

"同学们，我还要劝劝你们，一定要好好学习，好好做作业，不能总是想到玩！玩！玩！你们要知道，如果小时候不认真学习，长大了就没出息，找不到工作，就养不活自己，俗话说得好：'少壮不努力，老大徒伤悲。'所以，一定要珍惜你现在的黄金时间，把时间都用在学习上，多做作业，才好。"

案例中，这位语文老师的一番言语能帮助你们树立对于写作业的正确态度。的确，对于任何一个孩子来说，做作业是不可避免的，那么，做作业对于学习有什么好处呢？我们总结出了几点：

第一，可以及时检查学习的效果。

经过预习、上课、课后复习，知识究竟有没有领会、有没有记住、记到什么程度、知识能不能用上、应用的能力有多强，这些学习效果问题，只凭自我感觉是不准确的。真正懂没懂，记住没记住，会不会应用，要在做作业时通过对知识的应用才能得到及时的检验。

如果作业做得很顺利，那么，在一定程度上可以说明这一部分知识掌握得不错。相反，则说明这一部分知识没有掌握好，要及时查找原因，进行调整。可见，课后作业也是复习的一大重要方法，然而一些孩子在回忆考试失败的教训时说，自以为知识已经学懂了，作业可以不做或少做了，因此经常少做作业，甚至不做作业，这样对自己学习的真实情况就缺乏验证和了解，还盲目乐观，结果在考试时就一败涂地。

第二，加深对知识的理解和记忆。

通过课堂学习，对新知识可以初步掌握，可是对在不同的具体情况下，如何应用这些新知识，还不太清楚。而做作业正是对知识的主要应用，使知识的掌握变得更加准确、灵活和充实，使新知识不再是一种空洞的文字或死板的公式。实际上，不少同学正是通过做作业，把容易混淆的概念区别开来，对某个东西了解得更清楚，公式的用法也更灵活。可以说做作业促进了知识的"消化"过程，使知识的掌握进入到应用的高级阶段。

做作业还可以使知识不断地得到巩固，因为知识用得越多，记忆的就越长久。

第三，提高思维能力。

面对作业中出现的问题，就会引起积极的思考，在分析和解决问题的过程中，新学的知识得到了应用，思维能力也迅速得到提高。

第四，可以为复习积累资料。

作业题一般都是经过精选的，有很强的代表性、典型性。

因此，就是做过的习题也不应扔掉，而应当定期进行整理，作为复习时的参考资料。

那么，你应该如何做好课后作业呢？以下是几点建议：

1.要有一个专门的学习场所

在有条件的情况下，你要在专门的房间内学习，房间要整洁、明亮，不需要繁复的装饰，布置简洁舒适即可。电脑和电视不要放在做作业的房间里，玩具收起来放到柜子或箱子里，以免在学习的时候分散注意力。

没有条件的话，最好也要有自己的学习角，让自己有安心学习的地方。

2.作业要独立认真完成，不可抄袭

任何一名学生你要明白，"抄不如不做"，作业是学生对自己学习情况的及时反馈，所以你一定要独立自主完成作业，只有这样才能增强自己解决问题的能力，才能真实地了解自己的学习情况。遇到解决不了的问题时，可以和同学讨论，也可以去请教老师，千万不能一抄了之。一旦抄袭作业，影响的不光是学习态度，更严重的是会使自己失去学习的自尊，自暴自弃，养成不劳而获的不良习惯。

要纠正抄作业的坏习惯，就要从思想上认识抄袭作业的危害性，认识到"不做只是代表学习不行，但抄袭就代表品质有问题"，要树立"即使学习差，但做人一定不能差"的信念，从思想上杜绝抄袭作业的想法，进而让自己认识到"抄不如不做"。

3.让父母帮忙监督自己

作为家长都希望孩子好，因此，对于监督孩子做作业这件事，他们都很乐意。不过在请求父母帮忙监督前，要与他们约定好，说话要少而精，要有分量，不要一句话说多次，否则会破坏自己的注意力。

可见，对于孩子来说，写作业能巩固你所学过的知识，通过作业来加强记忆，还是有好处的。但每天都有大量的作业对你来说也是一种负担。因此，如果老师作业过多，可以用委婉地方式向老师提建议。

第08章

会学习也要会考试，心态与考试技巧是要点

对于每个学习阶段的孩子来说，相信都有这样一个目标——在考试中取得一个好成绩，然而，一些平时学习效果良好的孩子似乎并不善于考试，一到考试就发挥失常，这是为什么呢？原因当然有很多，但总结起来，无非是没有掌握好应试技巧，因为"技术不精"导致了失误。其实，无论是大考还是小考，都是心理素质和考试技术的较量，也就是说，你在平时学得好，还应该尽量考好，然而，怎样才能考好呢？针对这个问题，本章会给出一些建议，希望对你有所帮助。

修炼好心态，才能考出好成绩

我们都知道，在任何考试中，一个人的心态都十分重要，对于学习期间的孩子来说也是如此，在考前，无论你是否努力、是否在平时运用了好的学习方法以及学习成果如何，你都要调整好心态，没有好心态，绝对考不出好成绩。可好心态，并非与生俱来，而要靠一点点的修炼。

我们先来听听下面这些孩子是如何调整考前心态的：

"六月份我刚参加完中考，成绩比我想象中还要好点，因为能上理想中的高中，我很高兴。其实无论是中考还是之前的无数次小考，我考前都会调整好心态，比如头一天晚上，我会放松自己，看看自己喜欢的电视剧，或者听听音乐。

"遇到困难或情绪低落的时候，散步的效果不错。边散步边思考，烦恼很快就消散了。还有，心理暗示很重要。这样安慰自己：每个人都会有薄弱科目或者不喜欢的科目，如果不擅长数学，每天对自己说三四遍'我喜欢数学、我喜欢数学'，不要让自己对数学产生抵触情绪，越抵触越没信心。其实背后的老师们，也很'精通'暗示法。比如，有同学怕写作文，就会拿她的作文当范文给全班同学看，以示鼓励。

"我虽然学习成绩并不是很理想，但是我并不害怕考试，尤其是在最近几次参加的钢琴和舞蹈考试中，我都顺利通过了。我认为，活得'2'些比较好，寻找生活中的乐趣，与同学和家人多开玩笑，所以考试我基本上不紧张。

"若要好心态，父母也得配合默契。比如，在中考前向父母出具'中考通知书'：请不要问我中考用具准备好了没有；请爸爸妈妈保持正常心态，话语行为与平时一致；考试过程中，请不要询问各科考试情况；开车接送我中考的时候，请保持冷静，注意礼让行人。中考前，还可以给父母一份'中考菜谱'，罗列平时爱吃的菜。其实，中考和平时的月考一样，反正成绩在走出考场的那一刹就已经定了，干脆一切抛开。"

不难发现，这些考试结果比较理想的孩子，除了因为他们的知识基础扎实外，还因为他们都具有良好的心态，能在考前做到放松自己，不给自己太大压力。

那么，也许你会问，考试前，该怎样放松自己呢？

以下是那些擅长考试的学生为你提供的一些建议：

一种方法是：要注意放松休息好，加强营养，注意锻炼，保证睡眠。要按考试的时间和科目做一些模拟卷子和前几年的考卷，看看以前做错的题，笔记、课本中不熟悉的地方，然后休息。上下午在考试的时间里看书写卷子，看一些笔记，有助于调整生物钟，否则，几天不做卷子就可能手生，手生就难以进入状态。不要看太多的书，把知识梳理一下。也不要做过难的卷子，否则做不出来会挫伤自信心。要休息好，不要使身心疲惫。

另一种方法是：一星期里基本不看书，干一些家务，听点轻音乐，心静如水，在平静中把心态调到一个很高的兴奋点（平静里隐含了兴奋，可压抑过度的兴奋，如睡不着），不看错题，把所有缺点丢掉的话考分肯定会高。

因此，考试的前一天可看一些题，以不做题为好，大考的前一天和考试前要做深呼吸（平时要训练，运用不当会头晕、头痛影响考试），中午要休息。

考试前要活动一下，对人笑，对着镜子朝自己笑，早点到考场，保持平常心，要挺胸抬头，充满信心地走进考场，把此次的考试当做一次平常的考试，进出轻松。

如果失眠了，就想，睡几个小时就行了，只要精神好。全国几百万考生，失眠的岂止我一个。

当然最重要的是，无论如何，你都要树立自信心，相信自己能取得好成绩，这样，你就能真正做到放松了。

适度调整，考试前不必挑灯夜战

无论什么年龄、身份的人参加学习，都有一定的目的，比如升学、提升职业技能等，但无论哪种目的，考试才是检验学习的标准，因此谁都希望能考出个好成绩，对于学习期间的孩子来说未尝不是如此，考出好成绩，意味着这段时间的学习成果比较理想。为此，一些孩子认为，关键时刻就要到了，一定要抓紧时间学习、不能放松，实际上，专家建议，考前一定要休养生息、适度调整，不可挑灯夜战。当然，如果你认为考前就应该放松，这也是一种不正确的想法。

那么，考前如何调整自己呢？以下是一位学生的心得：

"还有两周就要参加中考了，我知道只有考出一个好成绩，才能去一中读高中，不过我不会因此感到压力大，因为考试最重要的就是不能紧张，我们之所以会紧张，是由于我们还没有复习充分，对未来还有些迷茫。其实，问问自己，如果中考是考看拼音写汉字，我会如此紧张吗？这样，你就明白了消解的办法——马上复习！再把做过的题拿出来看看，再背一下名句，马上就平静。作息时间因人而异，平常我都是晚上11点睡觉，考前也没变。我觉得中考前不要去想什么时间睡觉的问题，一切按照自己的习惯来，就算改时间睡觉，考前两周也不要做大的调整了。"

这里，我们可以看出来，这位学生的考前调整是从心态和生物钟两方面进行的。

那么，到底如何进行考前调整呢？对此，有几点建议：

1.不能有"大考大玩"的心态

考前的几天千万不能耗在电视或者电脑上，"大考大玩"只是一种理想境界。这两天最好能把以前的笔记拿出来看一下，巩固一下总结的知识要点和方法技巧。

2.调节生物钟

考前一周，最好就要把每天晚上睡得较晚的习惯逐渐调整到10点睡觉，要坚持每天把自己精力最充沛的学习时间调整到和考试的时间一致，相同的时间段做相同的科目，以高考为例，每天上午8：30开始学习，9点正好是最兴奋的时候，11点结束，中午1点睡觉，下午的3—5点学习，过了这个时间就放松。这样，考试时比较兴奋，精神就好，比较轻松，见到容易的题会做，见到难题会想办法做。千万不要越忙越紧张、越紧张越忙，总觉得脑子里一团糊涂。

"8月1日正值暑假，但是我却要参加一个妈妈为我报的证书考试，我在床上睡了3天，因为在这之前我和父母出去旅游了一趟，日程安排得挺满，只在最后留了一两天的休息时间。可是躺了3天之后我觉得自己的日程规划完不成了，这时心情就非常烦躁，觉得自己没有希望。

"后来我找了几个考过的同学谈心，我找他们谈心的目的就是想把心态平和下来继续下面的工作。可是谈了以后我的心态虽然是平和了一些，但是计划实在是完不成了，时间上绝对不够了，还有两个部分没有完成，这样我就放弃了计划。后来经过自我调节，我自己也觉得保持心态平和是很重要的，所以后来3天我干脆不管了，没复习完的部分也不管了，所以就放松了几天。后来上考场时自己的心态就比较平和，就不再想有两个部分没有完成。庆幸的是，我在考试中表现很好。"

可见，合理地调整自己的心态和应考状态，才能有好的发挥。

3.适度复习

考前几天看书，不会对你有多少提高，但是为了保持状态，你还是可以适当地看书进行调整。想一想简单的问题，使大脑处于一种较活跃、清醒的状态，但量不宜大，时间不宜长。也可以读一些报纸杂志，看看电视，在放松情绪的同时丰富知识，也许还能为次日的考试题目开拓思路。

如果在这一天仍旧做大量的题或是索性什么也不做都是不合理的，前者不仅会使人更加疲倦，而且若遇到难题还会降低你的自信心，增加紧张和忧虑，后者则容易让自己产生茫然和急刹车的不适应感。

4.不纠缠难点难题

为了防止手生，在回归课本的基础上，还要做到套题、小题巧练，但对于难点难题不必过于纠缠，坚持温故知新。

专家建议，在这段时间，通过小测试可以训练答题速度和应试能力。另外要强调的是，做题时，你要相信自己的"第一感觉"，在似是而非的情况下不要轻易改变第一次的选择。此外，充分发挥课堂笔记本、错题本的作用，结合重点笔记对学科知识进行拉网式排查，确保不存在知识遗漏点或知识盲点。

总之，在考前最后阶段，保持充沛精力比多看几页书来得重要，挑灯夜战的方法并不可取。特别是晚上学习时间不要太晚，早睡早起最科学。最后两天休养生息，使第二天精力充沛，才会有最佳的学习效果。每天要保证8小时睡眠，保证半小时适度的体育锻炼，这样精力充沛，有利于考试时正常发挥。

注意饮食起居，保证考试时有良好的身体状态

在考试前，很多家长，也包括一些孩子自己，都关心这样一个问题：考试前的饮食需要注意些什么吗？考前到底该吃什么？不该吃什么？

考试前，作为学生，要吃得营养、健康，这是最主要的饮食原则，还应选择一些有利于增强记忆力、缓解紧张情绪的食物，切忌大鱼大肉。除此之外，还要注意营造好的休息坏境、进行适度地体育锻炼，这样，才能保证在考试时有良好的身体状态。

为了让女儿能在考前高效率地复习、以最佳的状态面对中考，蕾蕾妈四处"求经"。这不，她单位王大姐的儿子去年就是以第一名考进全市最好的市一中的。这段时间，只要不在上班时间，她就追问王大姐那段时间是怎么照顾儿子的，不过王大姐的回答还真是让她获益匪浅：

"当初，我儿子得知自己是全校的状元时候很意外，因

为，他平时并不是死啃书本的那一类学生。我儿子并不是学习上的天才，只是一个按照计划跟着老师复习的乖学生。但我平时经常教导他要劳逸结合，所以即便他那时已经是初三的学生了，他仍然是看电视、上网、听歌样样不落，还经常打篮球，看看电影什么的。但他的自制力很好，总能很好地控制自己玩的时间，掌握住分寸，在学习与玩乐之间找到平衡点。还有一点，即使孩子初三了，我也没有和其他家长一样，买什么大补的食品或者补脑的药物。我觉得作为家长，孩子面临大考，我们要做的就是为孩子提供一个良好的学习和生活环境，让孩子无后顾之忧，而不必神经兮兮的。"

"是啊，您儿子能考上状元，估计也是和你这种教育的方式有很大的关系。"

不少孩子认为，马上就要考试了，无论是在饮食上还是学习上，都必须进补。只有加大复习的量，才能巩固所学知识。学习压力、强度都很大，营养状况一定要跟上。抱着这样的心理，一些孩子会在饮食上也进行"恶补"，结果不仅身体上吃不消，心理上也吃不消。

那么，在考前饮食起居上，你应该注意些什么呢？

1.劳逸结合

每个孩子都知道，要想在考试中取得好成绩，就必须要努力付出。但是，劳逸结合、注意休息仍然非常重要。因此，即使你要参加升学考试，你也不能把考试的紧箍咒就套在自己脑袋上，或者一天到晚把眼睛都放在书本上，这样做的结果只能导致你身心俱疲，收到的是事倍功半的效果。其实，当你通过前段时间的循环复习，你的基础得到了强化，人已有些疲倦。在离考试没几天的时间里，你可以养养精神、放松自己。

2.保证充足的睡眠

考试前，一定要保证充足的睡眠，要做到早睡早起，尽量和考试时间合拍，以便在考试时保持最佳状态。你最好每晚10点前睡觉，最晚不要到11点，早上6点30分起床。睡眠有了保证，考试时就能全神贯注，这样就有事半功倍的效果。

3.考前复习时间不延长

你要对付一场考试，其实多复习对提高成绩并没有什么帮助。如果在复习之余，快快乐乐地玩一下，有可能保持一个稳定、良好的心态进考场。

4.适度进行体育锻炼

除了进行食物上的"进补"外，进行有氧锻炼也对提高免疫力是有一定作用的。注重劳逸结合，还要多进行体育锻炼，而且，适当运动还能调节考试心态。

那么，怎样调节好学习和运动呢？你可以利用课余时间，或者学习累了的时候，出去运动一下，或打打篮球或跑跑步。当你大汗淋漓的时候，也是最舒服的时候，因为身体的运动使得习惯于紧张学习的大脑放松下来，而且使大脑处于另一种兴奋之中。这样运动过后，你的大脑会特别清晰，记起东西来很快，学习的效率也很高。

5.合理膳食

专家指出，面临大考的孩子，不用刻意地吃得特别好，如果肠胃不适应的话，反而会收到负效果。考试前既不可空腹，也不可过饱。要忌暴饮暴食，注意饮食卫生。对此你要谨记以下几点：

一忌急速的进补。有些家长想让孩子多增加点营养，贸然去吃以前从未吃过的食物或营养品、保健品是不可取的。另外，学习和记忆，很难通过短期补充营养保健品得到迅速提高。

二忌进补量过大。考前大量进食大鱼大肉等，不但你的肠胃吸收不好，还会增加胃肠道血流供应，使脑内供血供氧相对减少，导致大脑迟钝。

三忌饮食不卫生。食不卫生，会导致腹胀、腹泻，甚至严重脱水引起休克。

因此，建议你在饮食上保证清淡，少油腻、卫生，不能吃太甜、太咸或刺激性太强的菜肴。

掌握以上几点饮食起居原则的情况下，作为考生的你便可以根据自己的饮食习惯和爱好选择食物以及休闲娱乐的方式，进而保证能有一个良好的身体状态迎接考试。

考前怯场，如何将紧张心理降到最低

考试是一种严格的知识水平鉴定方法。对于学生来说，通过考试可以检查他们的学习能力和知识储备。因此，考试是一种复杂的智力活动，需要保持良好心态。考试确实不同于日常的学习生活。不管准备多么充分，我们都有可能紧张，这是不可避免的问题，就连那些成绩优异的孩子们，在进考场的时候也会紧张，但只要你懂得在考前考后进行适当的调适，我们就能将紧张心理减低到最小。

张老师是有三十年教龄的小学数学老师，他建议学生，在大考前一定要树立信心，要相信自己一定能考好。

"说考前不紧张，那肯定是骗人的。你要真不紧张了，全家人都觉得不正常，父母反倒更紧张。"在张老师看来，在考试中适度地紧张是好事，但凡事有个度，过度紧张会让人有些错乱。

张老师认为，过度紧张是有一定原因的——很大程度上源于家长和考生定位不准。"现实生活中，很多家长和学生把目标定得太高，以孩子现有的实力蹦了跳了还是够不着，这样的高标，考生能不紧张吗？"

从这位老教师的这段话中，我们能找到减少心理紧张的关键因素所在——对考试结果的期望上。如果我们抱着轻松的心情，不太在意考试结果，那么，我们自然就能心平气和地面对考试。

那么，造成考试怯场的原因是什么呢？主要有几点：

1.性格懦弱、自信心不足

有些学生，尤其是性格较懦弱，多次受过挫折的学生，常常自我怀疑，即使有把握的问题，也显得犹豫不决，不敢相信自己。如果见到陌生题或难题更是诚惶诚恐，乱了方寸。

2.外界的消极暗示

当人们进行思维活动时，突然遇到新的或强烈的刺激，会使原来的思维活动受到抑制。如考场的严肃气氛、监考人员冷峻的表情或生硬的态度，父母的叮咛："你进这所学校不容易，花了很大的代价，这可是人生的关键一搏，事关你个人的前途……"这些都会给学生带来巨大的心理压力，一旦遇到小小的麻烦，情绪越加紧张，促成怯场。

3.大脑过度兴奋

大脑神经细胞的兴奋性有一定的限度，为了防止大脑神经细胞过度受损，大脑会自动转入抑制，阻止回忆活动。有些学生考前开夜车，用脑过度，睡眠不足，加上心理紧张，引起回忆反应暂时抑制，造成怯场。

了解这些原因，你就要提前做好充分的思想准备，努力安定自己的情绪。为此，你可以：

1.考前复习有所侧重，以增强自信为主

考前复习要有所侧重，只要检查一下重点内容是否基本清楚就可以了。所谓重点：一是老师明确指定和反复强调的重点内容；二是自己最薄弱的、经常出错的地方。如果确认这些地方已没有问题，就可以安下心来，并反复暗示自己"复习很充分"。

另外，如果你过于紧张，说明你自信心不足，你可以进行积极的自我暗示：我一定会考好的。

2.临考前夕保持充足睡眠，尽情放松

考前的休息也十分重要，千万不要在考试前夜牺牲睡眠时间去复习，这是得不偿失的。临考前夕，要尽情放松，看看花草散散步，减轻心理紧张度，听听音乐愉悦心情，打打球调剂大脑，早些休息，一定要避免思考过多，精疲力竭。

同时家长也要尽量为孩子创造一种和谐、轻松、愉悦、安静的家庭氛围，以获得好的休息，不要用言语刺激孩子，从而让孩子能充满自信地步入考场。

3.考试当天要吃早吃好，按时到场

考试当天，首先必须做到吃早吃好。也就是说要有充足的用餐时间，最好在考前一个半小时用餐完毕。否则会因过多血液用于消化系统，使大脑相对缺血，影响大脑功能的发挥。

在到考点时间上，一般在考前20分钟到考场为宜。太早了，遇到偶发事件的可能性增大，极易破坏良好的心态。过迟，来不及安心定神，进入考试角色的心理准备时间太短，有可能导致整场考试在慌乱中进行，造成不必要的失误。

4.掌握一些答题技巧

要想考到好成绩，除了掌握过硬的书本知识外，还要掌握一定的答题技巧，这是应试策略的重要部分，且对实现考试目标有着至关重要的作用，总有一些考生考试"怯场""晕场"，除了心理上的原因外，没有掌握科学的应试方法也是一个重要原因。

对于出题人而言，他们的初衷并不是为了出难题将学生考倒，因此，大部分试题难度都为中低档，但即便如此，还是有些孩子觉得题目很难，这还是因为你没有过硬的应试技巧和答题策略。因此你参加考试一定要有充分的准备，你应该记住这样一条规律"办法总比困难多"这里说的办法还包括应试策略，包括解题方法和答题技巧。

如果做出以上努力后，仍出现怯场，也不必惊慌。这时你不妨按照以下步骤：先搁下试卷，稍做一下揉面等活动，或伏案休息片刻，这种转移注意力的方法，有助于克服紧张情绪。也可采取深呼吸的方法慢慢呼气、吸气，同时放松全身肌肉。经过1~2分钟的练习，也能消除极度紧张状态。

考试要掌握的四大答题技巧

任何一个学习阶段的孩子，都避免不了要参加考试，家长和老师们也关心你的考试成绩，而最让你感到遗憾的莫过于平时努力学习了，但却在考试中没有发挥出应有的水平，致使自己平时的辛劳毁于两小时的"经验"不足。其实，考试考的并不只是知识的掌握程度，更有你的心理素质和考试技术，当你进入考场之后，你的知识和能力就是一个常数，而如何将所掌握的知识转化为阅卷得分点，这就取决于稳定的心态和答题的技术了。

答题得分到底有什么技巧，这也许是你最为关心的问题，关于这一点，也许那些曾经在考场奋战过或经验丰富的学生能给你答案，因为他们都展现出他们本身所具有的良好心态、塌实知识基础和应试技巧。下面就他们在备考应试阶段总结出的"四先四后"应试技巧：

1.先易后难

顾名思义，就是要你在做题的时候，先着手做那些难度较小的题目，稍后再做难度大的题目，先做A类题，再攻B类题。

当然，题目的难易是因人而异的。"难者不会，会者不难"，这个道理每个人都懂，虽然试卷本身的编排已经原则上考虑到从易到难，但这仅仅是命题组的主观认识。

以数学为例，可以发现，数学试卷通常被设计为"两个从易到难的三个小高潮"（三类题型——选择题、填空题、解答题——从易到难；每类题型本身又从易到难），就是说，选择题的难题完全可能比填空题的易题困难，而解答题的易题又完全可能比选择、填空的难题容易。

所以，在进行第二遍答题时，就不必要非要依照从前到后的顺序，可根据自己答题的具体情况，跳过啃不动的题目，从易到难（被跳过的题目其实还在潜意识里继续思考），另外，尤其要注意不要在那些低分题上浪费过多的时间，防止"前面难题久攻不下，后面易题无暇顾及"。

2.先同后异

就是说，可考虑同学科、同类型的题目集中处理，这些题目常常用到同样的思考和解题方法甚至同一公式，把他们结合起来一齐处理，思考比较集中，方法或知识的沟通比较容易，有利于提高单位时间的效益。

3.先高后低

这是说要优先处理高分题（解答题），特别是在考试的后半段时间，更要注意解题的时间效益，比如：

（1）两道都会做的题目，应先做高分题，后做低分题，以减少时间不足的失分。

（2）到了最后一二十分钟，也应对那些拿不下来的题目先就高分题实施"分段得分"，以增加在时间不足的前提下的得分。事实证明，"大题拿小分"是一个好主意。

当然，"先高后低"要与"先易后难"结合起来，不能不分难易，专挑高分题做，否则会造成"高分难题做不出来，低分易题没时间做"。

4.先熟后生

无论是什么类型的考试，都会考查学生的应变能力，因此，大部分考试都没有现成的原题，即使是最简单的题也是课本上的成题经改造后呈现出来的，材料没见过，情景以前都没出现过，应该说这也是命题者的初衷。但这类试题有个共同的特点："材料在外，答案在内""起点高，落点低"。一些看上去是热点、难点的问题，都可以运用已有知识、分析、解决。在平时掌握的课本知识中一定能找到相关的模型。因此，你应该庆幸能遇到这样的题目，而且丝毫不用惊慌，新的情景，新的材料正是我们所要的，只要冷静细心，这些题目你都能得到分的。

其次，可实行"先熟后生"的策略，就是说，先做题型结构比较熟悉的题目，后攻那些题型、内容，甚至语言都比较陌生的题目。先做在某些方面有熟悉感的题目。容易产生精神亢奋，会使人情不自禁地进入境界，展开联想，促进转化，拾级登高。

当然，在做到以上几点之外，最重要的是你要坚持到最后一分钟，忌好胜心理，时间就是胜利，珍惜一分钟，有可能减少你一分甚至几分的失误。答完卷后，要认真检查，反复核对，切忌为出风头而草率交卷。要恪守"不到最后一分钟绝不停笔"的良训。

做足准备，考前要进行系统性复习

考试是每个学习期间的孩子不得不面临的问题，然而，在面临考试前，总有一些孩子出现手忙脚乱现象，甚至考试怯场，其实，这是因为准备不充分，而其中重要表现就是复习不到位、学习进步不大。的确，无论学习什么，要想做到一次净、一遍成是根本不可能的，所以及时复习是非常必要的一环，除了及时复习外，考前复习也非常有必要，当然，复习不应是机械地重复几遍，而是把学过的知识更加系统化、条理化，纳入到整个知识体系之中。

那么，到底该怎样做好考前复习呢？以下是一位学习尖子生的学习心得：

"我的复习方法是每天做一套题，把每一科都做一遍，其实用不了太多时间，我一般是晚上6点至10点上晚自习，回家后11点至12点再看一小时。试题中的英语不用做听力和作文，语文也不用做作文，这样的话，每天大概把各科的题做一套是可以做到的。"

每天的作息时间一定要有很好的计划性，这是很多成绩优异的孩子的共识。也就是说，即使考试即将来临，你也不必太过紧张，打乱自己的休息、学习规划。然而，一些孩子为了取得好成绩，他们会给自己增加很多复习时间，但挑战自己的身体极限、牺牲休息时间来学习，这样复习的效率是很低下的，成果也并不明显。当自己的付出未得到想象中应有的回报时，复习意愿就会减弱，因此讲求效率很重要。

为此，在考前复习这一问题上，你需要注意的是：

第一，制订计划。

一定要结合考试要求和自己实际情况，制订一个全面的计划，并坚定地执行它，使复习顺畅有效。虽然计划可能会被某些预料不到的事件所打乱，但是计划是不可缺的。这个计划应包括：

1.重点练习中低档题

你可以在老师指导下，对平时的试题进行筛选，已经熟练掌握的试题可以不做或少做，对于特别难的题也不能抓住不放，但对于中低档试题一定要抓住。

2.回归

黄金时段的复习要重新回归到基础知识、基本方法上来，回归到《考试说明》和课本上来。回归过程就是对基础知识、主干知识、网络知识的再梳理、再巩固、再落实的过程。

3.总结应试策略与应试心态

抽出一点时间回顾、总结平时做习题中过程中的应试心态。把点滴经验汇集起来，形成方法，摸索规律，考前复习就又上了一个台阶。

4.练考纠错

在复习的最后阶段，可以找一些试卷当作正式考试，利用它们来反复练习。当然了，复习实质是努力寻找漏洞，而一旦发现了漏洞，具体来说就是错题，就应当把它积累下来，反复练习。还要懂得体会积累解题一般思路和方法，提高应试技巧。

这里，我们也可以看出的一点是，考前的复习计划应当是理性的、全局的安排。

第二，要认真执行计划。

计划制订出来，只是完成了第一步，还要坚持认真执行。最好把计划贴在自己看得到的地方，以及时鞭策自己。要及时检查、监督计划执行情况，从检查中获得反馈，及时进行调整和补救。为了保证计划的高效执行，切记：

（1）每天到了规定的时间，就开始相应科目的学习，不要受任何影响。

（2）坐下后，尽量在最短的时间内使注意力集中起来。

（3）到了预定的时间，马上停止现有的学习，去完成所安排的其他任务。

（4）学习桌上不要放与当前学习无关的东西，以免受干扰。

（5）提前完成任务时，可进行自我奖励，进行积极的休息。

注意：上面的第3点必须严格执行，一定要养成在规定时间内完成相应任务的习惯，因为在任何的考试中都不允许你拖延一分钟。

第三，适当调适。

在考前复习的这段时间，不少小学生会对复习感到烦躁，也可能经常静不下心来学习，思维迟缓、注意力不集中，记忆力减弱。但如果真踏实下来，静下来学半个小时，学习仿佛也没那么烦，再学一两个小时恐怕也没什么问题。这可能就是心理上的惯性，认识到这一点，大概就不会觉得坐下来有多难了，强制自己看几眼书，可能也就会"渐入佳境"了。当然，长时间的伏案学习就需要休息一下，可以散散步，听听音乐。适当的休息娱乐会保证身心健康，可以提高学习效率。

你需要明白的是，考前的一段时间是复习的黄金时段，注意一些复习的习惯和方式，制订好复习计划，会帮助你提高复习效率。

当然，要想考试成绩好，最重要的还是要注重平时的复习，一些孩子喜欢"临时抱佛脚"，即考试前几天，对这些科目进行突击学习，使劲背，使劲记。也许这种方法对应付考试能够产生一定的效果，但从长远角度来考虑，这种"临时抱佛脚"的学习方式并不能使你真正地掌握知识。事实上，可能你也有这样的体会，考试前所记住的那些内容几乎一下考场就忘光了。其实，这是一种正常现象，人的记忆分很多种，那种突击式的记忆只是临时记忆，虽然你当时记住了，把考试应付过去了，但用不了多长时间，这种记忆就会消失。所以，这种"临时抱佛脚"式的学习方法并不是科学的学习方法。从这里，你就可以看出及时复习的重要性，要知道，知识的积累，就像建造房子，从砖到墙、从墙到梁，是一个循序渐进的过程。我们在学习的时候，一定要养成预习和复习的好习惯，预习和复习的时间并不需要很长，但效果会很好，磨刀不误砍柴工，就是这个道理！

第09章

从小开始培养良好习惯，好成绩手到擒来

对于每个成长期的孩子来说，你的主要活动是学习。而随着年纪的增长，你的学习任务急剧加重。同时，你可能并不爱学习，但随着社会竞争的日益激烈，你必须明白"知识成就命运"这个道理，也必须掌握知识。其实，人生是自己的，学会享受生活和学习，养成良好的学习习惯，你就会变得轻松，就能在学习和生活之间轻松地游走！

制订计划，学习才能事半功倍

古人说："凡事预则立，不预则废。"学习也是如此，许多成绩优异的学生都有个共识，要学习好，首先要制订一个切实可行的学习计划，用以指导自己的学习，按计划进行学习，就能合理安排时间，适当分配精力。因为只有按计划学习，才能做到心中有数，才不会像只无头的苍蝇，长此下去，可以使生活、学习规律化，养成良好的学习习惯，大大提高学习能力。

班级每个月的学习交流会又来了，会上，大家七嘴八舌地说起来。

"王贝贝是怎么学习的呀？"很多女孩凑在一起讨论。

"听说她并不是每天晚上做题到深夜，我每天都做好些习题，可是学习成绩就是不见好啊，这是怎么回事呢？"

"是啊，我也是，好像每天都忙忙碌碌的，有时候，饭都顾不上吃，努力学习，可学习成绩还是处在中等水平。"

这时，老师走过来，说："你们已经是初中生了，不能再以从前的学习方法学习，得重新制订一个合理的学习计划了，你们才能高效地学习呀，不然学没学好，玩没玩好，两头受累啊！"

可能不少孩子会发现，随着年龄的增长和学习内容的增多，你也逐渐认识到了学习的重要性，你决定要做个优秀的同学，努力学习，希望可以仍然走在队伍前列。但事实上，你似乎总是力不从心，似乎总是感觉时间不够用，学习效率也很低。这是为什么呢？

其实，这是因为你缺少一个合理的学习计划。合理的学习计划是提高成绩的行动路线和有力助手，没有学习计划，学习便失去了主动性，容易造成东抓一把西抓一把，以致生活松散，学习没有规律，抓不住学习的重点，因而总是被其他同学远远地甩在后面。

事实上，很多成绩优异的学生都认同计划性学习的重要性。

因此，如果你希望提高学习成绩的话，那么，你也要学会制订合理的学习计划。制订一份合理的学习计划，就等于找到了促进学习进步的金钥匙。制订严格的学习计划，养成守时、有序、高效的好习惯，是你一生受用不尽的财富。从人生成功的角度讲，统筹规划的意识和能力是一个要做大事的人取得成功所必须具备的一项重要素质，而这种素质只能在从小就习惯制订具体的学习计划并严格执行的实践中才能培养形成。

以下是教育专家的两点建议：

1.制订每日计划

以下是你可以拿来借鉴的每日学习计划：

6点—8点：一日之计在于晨，对一般人来说，疲劳已消除，头脑最清醒，体力亦充沛，是学习的黄金时段。可安排对功课的全面复习。

8点—9点：据实验结果显示，此时人的耐力处于最佳状态，正是接受各种"考验"的好时间。可安排难度大的攻坚内容。

9点—11点：实验表明这段时间短期记忆效果很好。对"抢记"和马上要考的东西进行"突击"，可事半功倍。

13点—14点：饭后人易疲劳，夏季尤其如此。休息调整一下，养精蓄锐，以利再战。最好休息，也可听轻音乐。但午休切莫过长。

15点—16点：调整后精神又振，实验表明，此时长期记忆效果非常好。可合理安排那些需"永久记忆"的东西。

17点—18点：实验显示这是完成复杂计算和比较消耗脑力作业的好时间。这段时间适宜做复杂计算和费劲作业。

晚饭后：应根据各人情况妥善安排。可分两三段来学习，语、数、外等文理科交叉安排，也可做难易交替安排。

2.细化你的学习计划

有些孩子给自己定的目标总想着一下子实现，又不可能，于是白白地给自己增加了心理压力。还有的孩子目标定的不小，可就是不肯做好眼前的一件一件极小的事，比如，弄懂一道习题，记好一个英语单词，学会一个成语等。这些事情虽小，可大目标正是由它们累积起来的。而小目标又是很容易实现的，所以要学会把大目标分解为若干层次的小目标，这叫作目标分解法。它可以分散人对大目标的注意，而着眼于一个个较容易达到的小目标，从而减轻心理压力，增强信心，实现目标。由于这种分解只是心理上的，所以有的心理学家把这种方法称之为"心理除法"。心理压力没有了，人就可以轻轻松松实现目标了。

的确，计划不能是目标性的，而应该是任务性的。要细化到每天完成几个具体的小任务，如果是学习那么就是几页书、多少个知识点、几份试卷，如果是工作那么就是几项任务、几个电话、几项记录与反馈等。计划越大，表明你内心越紧张、越忙乱，自然也就越无从下手。计划越细小、越具体，你实现起来也就越容易，你对自己的信心也就越来越大。

另外，对于初、高三的考生来讲，学习计划的制订显得更为重要，在最后一年的复习中，你应该注意合理安排每一天的复习时间。在紧张的复习过程中，每天可供你自己利用的时间并不多，其中最长的一段时间大约就是每天晚饭后至睡觉前的三个多小时时间。能否利用好这段时间，是考前复习成败的关键。在这方面，你最好不要在一个晚上把五科全复习到，这样做只会不分主次、自找麻烦。试想，仅仅是不足四小时的短短的一段宝贵时间，怎么能经得起众多科目的轮番轰炸呢？因此，你最好专攻一门到两门，抓住重点，集中精力，以争取达到较高的学习效率。

总的来说，对于希望提升学习效率的学生，要想学习好，首先要制订一个切实可行的学习计划，在总体计划的基础上，注意小块的时间安排，既要抓紧时间，又应有张有弛，这样才能以一个较好、较正常的心态学习，对学习做到心中有数，不会打乱仗。长此下去，可以使生活、学习规律化，养成良好的学习习惯，大大提高学习能力。

学习方法不对，怎能学得好

李刚是班上有名的后进生，学习成绩在班级第10名到第24名之间波动。上初中跌到班级第29名，但实际上，李刚学习很努力，有时候，李先生和妻子看着都很心疼。面临中考，李刚经常加班加点，做很多练习题，可是成绩就是上不去，李先生担心儿子最后连普通高中都考不上，来学校找老师。

老师说："李刚是个很努力的男孩，可是似乎他在死读书，我平时教的学习方法他都没用。要知道，学习的努力程度与学习成绩并不一定成正比的。"李先生这才知道儿子的症结所在。

回家后，李先生找来儿子，跟儿子好好谈了一番。李刚才知道原来自己一直是学习方法用错了，努力加正确的学习方法才会有好的学习效果。于是，在接下来的几次月考中，李刚奋起直追，成绩上升很多，分数一次比一次高。

李刚的这种情况，可能很多孩子都遇到过，他们会有这样一些疑惑：为什么别人能轻松地学好，而我很努力却学不好？其实，这还是因为学习方法上的差异问题，如果你有一套属于自己的个性学习方法，自然能学得好。

尽管学习方法因人而异，但正确的学习方法应该遵循以下几个原则：

1.主动学习

人们常说，兴趣是最好的老师，的确，只有主动、积极地学习，才能挖掘出学习的乐趣，也才能提高效率。反过来，学好了，有成果了，兴趣也就有了。因此，在学习过程中如果有不懂的问题，一定不要羞于向人请教，不懂的地方一定要弄懂，一点一滴地积累，才能进步。如此，才能逐步地提高效率。

2.集中注意力学习，不要分心

无论是玩还是学习，都要做到全力以赴。二十四小时不放松的学习固然没有良好的效果，但学习时依然惦记着玩耍，更不能学好。因此，学习时一定要全身心地投入，手脑并用。

3.注重基础，一步一个脚印

学习不是一蹴而就的，基础牢靠，才能讲求技巧，任何投机取巧、好高骛远的学习态度都是不正确的，只有一步一个脚印，打好基础，学好每个知识点，才会有成效。

4.多思考，帮助记忆

很多学生不知道自己为什么总是记不住某个公式或者某

个英语句式，这是因为你没有真正理解，记忆与理解是密切联系、相辅相成的。只有理解透彻，才能记得住。也只有多读、多记，才能帮助理解，这也就是理解记忆。

5.将书本知识消化成实践活动

要根据认识与实践的辩证关系，把学习和实践结合起来，切忌学而不用。因此，作为学生，你要注重实践：一是要善于在实践中学习，边实践、边学习、边积累；二是躬行实践，即把学习得来的知识，用在实际生活中，解决实际问题。

6.注意整理

那些学习成绩好的学生，多半都有一个良好的学习习惯——及时整理。整理的好处在于，能及时温习学过的知识，加深印象。如果你不懂得整理知识，那么，很容易捡了芝麻丢了西瓜，没有条理，怎么能学好呢？

7.坚持体育锻炼

身体是"学习"的本钱，没有一个好的身体，又怎么能学好呢？因此，学习再忙，也不要忘了锻炼身体。有的学生为了学习而忽视锻炼，身体越来越弱，学习越来越感到力不从心，这样怎么能提高学习效率呢？

8.充足的睡眠很重要

你最起码要保证自己每天有8小时以上的睡眠。晚上要早睡，不要熬夜，中午要午休。只有拥有饱满的精神，才能提高学习效率。

9.保持愉快的心情，和同学融洽相处

每天有个好心情，做事干净利落，学习积极投入，效率自然高。另外，把个人和集体结合起来，和同学保持互助关系，团结进取，也能提高学习效率。

总之，每个孩子，你都要明白，学习方法只有适合自己的才是最好的。有针对性地制订出一套独特的、行之有效的学习方法，不仅能提高你的学习成绩，更重要的是你能找到学习的兴趣和热情！

爱上阅读，养成每天阅读的习惯

培根说："书籍是在时代的波涛中航行的思想之船，它小心翼翼地把珍贵的货物运送给一代又一代。"歌德说："读一本好书，就是和许多高尚的人谈话。"书籍是人类进步的阶梯，是智慧的源泉，而对于学习阶段的孩子来说，读书是开阔眼界的根本方法。经常出入图书馆、进入浩瀚的书海，你会变得越来越自信，变得越来越有气质。因为阅读对人的精神世界有润养作用，因此，每个孩子要养成坚持阅读的习惯。

但实际上，出于很多原因，很多学生小时候对书籍的好奇以及兴趣经常被以父母为中心的家庭教育扼杀了，有些家长认为"成绩才是王道""应该把精力放在学习上，阅读太多影响学习"，另外，繁重的学习压力也让很多孩子无暇顾及课外阅读。而实际上，你要明白，阅读也是学习的一部分，你不仅会因此开阔眼界，还能在书中培养自己宽广的胸怀。

我们先来看看下面故事中的妈妈是怎么教育女儿的：

"我在一家私营企业担任会计，每天有数不完的事情，但即便这样，我还是不忘对女儿的教育，女儿今年六岁了。年初，我就和老公商量，谁有时间，就要带女儿去图书馆。刚好，最近我在电视上看了一个'书香润童年'的活动，主要是倡议我们鼓励孩子多看书。还记得我在北京读书的时候，第一次上古代汉语课，教授说他这辈子第一次去首都北京，最难忘的不是天安门，也不是长城故宫颐和园，而是首都图书馆，他说当他一走进首都图书馆的大门，立刻就被知识的力量震慑住了，浩瀚的知识的海洋把我们映射得如此渺小。

"'学无止境'，这就是图书馆给我们每个人的感觉。这天周末，我说去图书馆，女儿一脸的兴奋，不错，小家伙对读书不排斥。来到图书馆，我先办了读书卡，然后对女儿说：'小白，进到图书馆里面一定不能大声说话，因为叔叔阿姨们都在安静地读书学习，声音太大会影响别人，你要像楼下的小妹妹睡着了那样轻轻地走、小声地说。'女儿用力点点头'嘘'了一下。

"看了一下图书馆的布局图，我发现儿童读物在三楼，走到三楼阅览室，我再次对女儿'嘘'了一下，女儿非常配合，静静地随着我穿过一排又一排的书架，最后找个位子坐了下来。小家伙找到自己喜欢的读物后，就乖乖看起来。

"到下午五点的时候，我提醒女儿该回家了，她才不舍地离开图书馆，我问女儿有什么感受，她说：'妈妈，以后我们可以不可以自己盖一个图书馆，里面好多好玩的东西。'我知道，我们这一次图书馆之行起作用了，女儿爱上读书了。"

这位妈妈的做法是明智的，她有意识地培养孩子的阅读兴趣，并陪孩子一起读书，相信她的女儿以后一定会自信、健康地成长。

那么，对于孩子自身来说，你该如何在生活中培养爱读书的习惯，又该如何从书中获得知识呢？这需要你做到：

1.去粗取精，学会挑选健康、积极、有益于自己身心发展的书刊

不得不承认，现在市场上充斥着各种书刊，并不是什么书目都是适合孩子阅读的，真正有品位，适合鉴赏的寥寥无几。

约翰逊医生说："一个人的后半生取决于他读到的第一本书的记忆。"因此，你需要记住，如果一本书不值得去阅读，就不要过于强调阅读的数量，甚至可以不去阅读，那样只会让自己装了一肚子的书，却解决不了生活中的一个小问题。对此，你可以询问父母，让父母引导自己找出喜欢并优秀的文学作品，而不要浪费时间阅读垃圾文字。

2.注意培养自己的阅读方法

要学会带着感情阅读，这有利于培养自己表达能力以及想

象力。同时，你还可以写一些读书笔记，写出自己的感受。另外，睡前是最佳阅读时机，浅睡眠时期最容易进行无意识的记忆，因此睡前的阅读一定要把握。

3.将书本上的知识与生活认知结合起来

比如，在周末你读完一本海洋动物的书，就可以去海洋馆看看海豚、海豹到底是什么样子；看过植物书后，就可以去野外认识各种可爱的植物。这样就可以使阅读变得很有趣，你的读书兴趣就会逐渐建立起来。

书中自是知识的海洋，其实，爱上阅读并不是什么难事，关键是你要学会读什么书、怎么读书，慢慢养成良好的读书习惯，你就会爱上读书。

4.每天最少阅读十分钟

任何习惯的养成最少需要21天，阅读习惯也是如此，一开始，你可以在父母监督下阅读，当你养成习惯后，就会把阅读当成每天的精神食粮了。

运用多种感官学习，提升学习效果

美国心理学家格斯塔曾做过一个实验：

他找来10个实验参与者，他们在智商上相近，这10个人被分成两组，分别被送到两个房间。两个房间里都有5本《圣经》，不过格斯塔在第二个房间内另外多放了基本宗教故事画集，并且，实验者还在第二组所在的房间内播放宗教音乐。然后，这十名参与者被要求背诵《圣经》。结果发现第二组成绩远优于第一组。

为什么会产生这样不同的结果呢？

心理学给出了一个解释——这是由"感官协同效应"造成的。科学家发现，一个人在面对一件事物时，从听觉和视觉获得知识分别是15％和25％，但若能把这二者结合起来，则能接收到65％的知识。

因此，处于学习阶段的孩子们，如果你想提高学习和做事的效率，那么，你不妨尝试调动所有感官，感知每一处细节。这是因为你在收集信息的时候，参与的感官越多，信息就越丰富，所学的知识也就越扎实。

运用多种感官学习，已经成为很多成绩优异的孩子的"学习心得"，我们先来看看妞妞的学习方法：

妞妞的数学成绩一直特别好，在其他同学看来，她一定是个特别喜欢做题的人。而实际上，只有妞妞自己心里明白，她更喜欢动手，而这一点，是爸爸教给她的。

上小学的时候，有一次，她遇到了一个数学难题，怎么算也算不出来，这时候，爸爸告诉她，为什么不动手试试呢？爸爸为她找来了一些火柴，她就这样比画着，没想到的是，原本很难的一道数学题，就这样解决了。

现在，妞妞已经上初中了，但她还是喜欢摆弄动手操作，这帮助她对很多图形有了透彻的了解。

这里，妞妞之所以能将数学学好，就是因为她采取了多种感官并用的方法，的确，学习的关键是理解，只要做到真正掌握每一堂课老师教授的内容，就能够学好功课。而要做到这点，首先就要做到认真听讲，力求做到"五到"，即耳到、眼到、口到、心到、手到。

就像妞妞的学习心得中那样，生活中的孩子们，你也可以尽量在学习中多使用几种感官。

宋代的大学者朱熹曾发明了一种"三到"读书法，即心到、眼到、口到。这个方法被很多后人推崇，其实，现代社会，这一方法仍然有效。这一方法不仅可以运用到学习中，还可以用于做其他任何事。如果你想做事、学习都取得事半功倍的学习效果，你就要学会尽量多使用几种感官——用眼、用口又用手。以学习为例，你可以这样运用以下几种感官：

耳到——即运用听觉系统。这需要你不但学会听老师的讲授，还要学会听同学们之间关于学习问题的讨论，听也是接受知识的第一方法。

眼到——即眼看。你需要看的有教材、老师的板书、参考资料等。

口到——即口说。学会复述老师上课的内容是考察你是否真的将知识融为己有的一个重要方面。

手到——即手写。好记性不如烂笔头，上课时候，将老师板书的重点记下来，有助于课后复习。

心到——对课上接触的新知识积极思考。这需要你发挥自己的主观能动性，而不是将学习当成一件苦差事和任务。

事实上，只有做到耳到、眼到、口到、手到、心到，多种感觉器官并用，才能使身体的各个部位一起参与学习，才能将有利于学习的各种因素调动起来，这样，大脑处理信息的能力和速度也会加强。另外，"五到法"可适用于各学科。总之，你要明白，学习时耳朵、眼睛、嘴巴、手、心五个因素配合起来，就能产生很好的学习效果。

课外阅读，要做读书笔记

成长期的孩子们，相信你经常听到老师说，不仅要做课堂笔记，在平时阅读也要记笔记，也就是读书笔记。读书笔记，是指人们在阅读书籍或文章时，遇到值得记录的东西和自己的心得、体会，随时随地把它写下来的一种文体。

那么，为什么要做读书笔记呢？打个比方，如果你去过菜市场，你把食材买回家，肯定想着把这些食材进行分择，留下我们认为需要的，丢弃我们认为不需要的。其实，读书也是一样，一本书中并不是所有的东西都是我们所需要的。正如从帕累托法则所言，一本书中只有20%的精华，而其余80%只是起铺垫的作用，所以没有必要通吃整本书。

的确，做笔记的宗旨，就是进行知识转移。明白了这个道理，你就知道该让自己怎样去做笔记。

1.明确做笔记的宗旨

做笔记的宗旨，就是进行知识转移。因此，做笔记时要以大脑为主帅、思维为中心、理解为标准、重点为获取，变老师和书本的知识为自己的知识。明白了这个道理，你就知道该让自己怎样去做笔记。

2.把握做笔记的时机

做笔记的前提，就是不能影响阅读和思考，这就要求我们阅读时多思考，遇到重点和难题，马上随手记，阅读完书之后再来记，可能已经忘了。

3.注意做笔记的方法

做笔记要注意四种方法：一是简明扼要、纲目清楚；二是利用短语、数字、图表、缩写或符号进行速记；三是一些书籍的重点词语和句型可直接记在书页边，便于复习时查找；四是理解类书籍要记新思路、补充的定义、定理、公式等。

4.注意笔记的方式

一般分三种情况来记：一是用自己的语言，把书本内容的重点记下来；二是一些重要的经典原话，定义、公式、论点、论据、结论、概念、时间、地点等，必须准确照抄；三是对不懂的问题和疑点，也要原样记下来，以便后面去研究、思考、查对和询问。

5.注意笔记内容

记笔记要注意两种倾向：一是像"速记员"一样，一切都记；二是像看电影一样，一切都不记。笔记的内容一般包括四个内容：一是老师讲的重点、要点、难点与疑点；二是书本的知识框架和结构；三是作者观点、思想及一些有价值的数据、事实、实例；四是我们自己的心得、见解等。

6.分清主次体

我们做阅读笔记，最值得提醒和反复强调的就是要分清哪是主体、哪是次体。"阅读"是主体，做笔记是次体。一定不能为了做笔记而做笔记，要保证自己全身心沉浸在阅读中，然后再去做笔记。

7.不要只强调记得"漂亮"

一些人一味追求笔记做得"漂亮"，比如工整、笔迹好看与否等，而忽视了笔记的内容，这未免本末倒置了。

8.有新内容和新思路及时补充

有时候，你在阅读时记下某点知识，但是在后来的阅读中发现了新的观点和补充类知识，对此，我们最好重新整理、归纳，这也是加深理解和强化记忆的一个重要环节。

9.尽量规范笔记

有些人做阅读笔记非常随意，今天这个本，明天那个本，或是今天一张纸，明天一张纸。最后所记笔记乱七八糟，到查找时东翻西找也不全。做笔记应尽量规范，这样用起来就方便。

10.不要抄别人的笔记

有的孩子比较懒惰，自己读书不愿做笔记，之后去抄别人的笔记。这是一种很不好的学习习惯，不利于锻炼自己的总结综合能力。一定要记住，笔记要自己写。自己做的笔记对自己才有学习效果和意义。

掌握以上十点记笔记的习惯，相信你能做好笔记，也能真正将笔记内容转换为你的知识。

选择和创造良好的学习环境，避免学习懈怠

对于学习环境，可能有些孩子会说，真正自制力强的人，哪怕闹市中也能好好学习，诚然，我们不否认这样自制力强的人大有人在，但实际情况是，我们大部人的注意力容易被分散，因此，我们最好选择适宜于学习的环境，比如教室、图书馆、咖啡馆等。

有时，学习环境直接影响学习状态，努力寻求好的学习环境非常重要。在好的学习环境下，大脑清晰、学习强度大、心情比较平静；在差的学习环境下，人容易变得懒散、放

纵、烦乱。

这天，刘先生和妻子又被班主任老师叫到学校了，原来是儿子刘小宝的学习成绩又下滑了。

"刘小宝同学这个学期很奇怪，看上去他平时挺努力的，有时候放学、课间都在学习，可是为什么越学越差呢？"

"照说不应该，我现在已经辞职在家，专心照顾他的饮食起居了，就是希望他能学习好。"刘太太这么说。

随后，老师把刘小宝也叫过来，想让他说说自己的心里话。

"妈妈虽说现在辞职了，但是家里却多了很多牌友，每天一吃完饭就打牌，根本静不下心来，那些邻居也是，一天到晚吵吵闹闹的，都不得清净，所以平时宁愿在学校学习到很晚也不愿回家。"

"你们看，这就是你们的问题了，相信你们也知道孟母三迁的故事吧，学习环境如何，直接关系到孩子的学习效率，家里一天到晚乱哄哄的，任凭孩子是天才，也不可能不受影响。"

"老师说得对，这是我们的问题。"

从这则故事中，你可以看到环境对于一个人学习的影响，在一些家庭里，一些父母认为，给孩子买最好的学习工具，进最好的学校，请最好的家教老师教，就是好的学习环境，其实不然，一些因素，诸如家中嘈杂、父母吵架、父母的期望过高，都会对孩子的学习产生不利影响。

总之一句话，没有良好的学习氛围，你的学习效率就会大打折扣。只有在良好的学习环境中，在良好的学习氛围下，你才能轻松、高效地学习。

好的学习环境必须具备两点：

（1）相对安静，喝水、去卫生间方便，必需的学习工具充足。

（2）有良好的学习氛围，能感受到严谨、充实、奋进的学习气氛。

显然，选择好的学习环境非常重要，教室越安静、学习好的同学越多，你的学习强度越大，你的有效学习时间越长。

从增大学习强度的角度，教室是最好的学习环境，一个教室里学习好的同学越多，你感受到他们的气势，你的学习强度也随之增大。

从提高大脑灵活度的角度，图书馆是个好地方，因为图书馆能找到你所需要的很多书，这样，你就能保持学习的新鲜感，从而使大脑更加灵活。

从深入思考的角度看，学习环境越安静，越容易深入思考，因此，你要深入思考时，找的环境越安静越好。

从延长学习时间的角度，独自在家里学习是最好的，但容易因电视、床等使你懈怠。

从通过音乐产生自信心的角度，找一个可以选择自己喜欢的音乐的地方学习，也算是一个办法。

从提高大脑清晰度的角度，选择靠近健身房和有操场的地方，可以随时锻炼身体，从而使大脑清晰。选择靠近安静的树林的地方也不错，可以随时深呼吸新鲜空气。

1.教室

比起其他学习环境，教室的优点是可以加大学习强度，缺点是如果教室人多，就会比较吵闹，而吵闹是头疼、烦躁等不良状态的根源之一。一般说来，一个教室里的学习好的同学越多，你的学习强度越容易增大。

虽然每个人的情况很不同，但一般说来，考试成绩越好的同学，学习强度越大，学习时间越长。学习好的同学的凝重、严谨、细致的学习之气，很容易影响到你，使你的学习强度增大；学习不好的同学的懒散、浮躁、粗疏的学习之气，也会影响你，使你变得急躁、气闷；很多学习达到至高境界的人的强霸之气、凝聚之气、致密之气、灵润之气，有时会深深地震撼到你。

有些学习达到很高境界的人，每次学习时间很长，往往能够不离开座位学习几个小时，在这个过程中，是知识积累的过程，也是一个"狠劲"凝聚的过程，是一个大脑变得灵活的过程，也是一个积累自信心的过程，所以他们往往会弥散出一些凝聚之气、致密之气、灵润之气。

2.图书馆

很多城市和学校都有图书馆，图书馆相对来说资料齐全，且环境安静，能提供很好的学习条件。

图书馆也是一个学习的好地方，它能使你保持大脑灵活。图书馆里有大量的图书，你可以找到你所需要的书，这样，你就能保持学习的新鲜感，容易保持更久的学习兴趣。在参考书的海洋里，你可以从不同角度理解同一知识点，你可以训练同一类型题目的各种变化。这样，本来你觉得比较呆板的知识变得灵动起来，你的大脑也往往变得更加清晰。

3.自习室

心态处于初级、中级阶段，自制能力不足的孩子：你在家学习很容易懈怠、很容易分心，学习强度很难提高上去，在家学习的效果远不如在学校的教室里。无论是平时还是放假，应尽可能去学校的教室里学习，少在家里学习。

心态进入高级阶段或者自制力强的孩子：如果你自制能力很强，或者你已经到达每天学习"狠劲"连续不断的境界，你可以去自习室学习，学习效果会很好。

4.边听音乐边学习

一些人可能会说，边听音乐边学习，怎么可能做到呢？其实是可以的，因为它能放松我们的大脑，尤其是一些学习活动，诸如背单词、做简单练习、背课文等比较枯燥和灵活性低的学习等，不过，它不适合做难题、深入思考等。

善用工具书，辅助你的学习

任何一个人要学会学习，不仅要养成良好的学习习惯，更要懂得借用工具，而那些学习效率高的孩子都是从小做到了这一点，其中就包括查工具书。

俗话说："工具书是不会说话的老师。"遇到疑难问题，不管在学校还是在家里，都可以自己查字典、词典等工具书来解决。你只有勤于查阅字典等工具书，才能不断丰富知识，提高自己解决问题的能力。

另外，工具书是"自学的好帮手"。教师离不开工具书，何况学生。有的同学会认为，初学的人要经常使用工具书，而学到有水平的时候，就可以不再使用工具书了，其实不然。你不但要学会自己查阅工具书解决一些问题，而且要养成使用工具书的习惯。有位著名的老作家，写过许多脍炙人口的佳作，他养成了一个习惯，每次外出，别的东西可以不带，唯独要随身携带一本字典。并不是他才疏学浅，而是他懂得工具书的重要性。

可见，处于学习阶段的孩子，你也应该学会运用工具书。工具书是读书的向导，它的用处主要有：指引读书门径、提供参考资料、解决疑难问题、节省时间精力。我们先来听听下面这位学生是如何运用工具书学习的：

"高考英语其实没有那么难，对于生词也是很少出现，即使出现了一些，也有可能是某一单词的不同词性的变换。背准每个单词是考英语的最基本要求。所以我认为应对高考，词汇量大不如质量高，不多但准确。当然有能力的同学还是应该多背单词。在记单词时要勤查字典，不要想当然，对拿不准的词一定要'refer to the dictionary'。

"例如：comfort和comfortable两个词的否定形式应该加什么样的前缀？在没有把握的情况下，我们不要胡乱猜测，答案是discomfort和uncomfortable。所以我建议高中同学们买一本牛津字典或朗文字典。这是两本权威词典，我更喜欢牛津，因为现行的朗文字典是半繁体字的。写作业或做课外阅读时，手边放一本字典，遇到不懂的词就查，不光看音标、注释，还要看例子。知道这个词确切地怎么用。另外，我们还要学着用英语解释英语，当然要比用汉语解释得明确。如果有的同学拿不准over和above的区别，看一下英文注释就很明白了，不信去试一下。再有，英语有许多idiom，类似于我们的成语、惯用语，这部分东西在高中也接触到了。遇到这样的词组，千万不要望文生义地猜，还是得查字典。"

这里，这位学生分享了他学习英语的心得，指出了工具书对于学习的重要性。

那么，工具书到底有哪些用处呢？我们不妨来总结一下：

1.提供参考资料

如在语文综合性学习活动中，要研究一个问题，了解这一问题的一些动向，不用工具书不行。工具书把材料分门别类地整理出来，你使用时可以信手拈来，一目了然。如果你不用这种工具书，那么研究起问题来，很可能挂一漏万，搜集起材料，也会感到大海捞针。

2.为你挑选书刊指点迷津

的确，人类社会发展到今天，人类长期积累起来的知识财富广阔无边，各种各样的书刊、文献资料也浩如烟海，而且随着现代科技的发展，各类书籍还会急剧增加。那么，这么多的书，哪些该读，哪些不该读，要读的书应该到什么地方去查找，如此等，这些问题都需要通过工具书来指点迷津，否则就会茫然不知所措。

3.解决疑难问题

你在平时看书看报遇到难字、难词和不明白的成语典故，就要查字典、词典；读书遇到古代人名，需要了解他们的生平事迹和时代背景，就要查人名大词典；遇到古代地名，需要知道它在什么位置，相当于今天的哪个省哪个县，又要查地名大词典。查阅工具书费力不多，却解决了你的疑难，丰富了你的知识，工具书是日常学习必备的参考书。

4.节省时间精力

有的人不会使用工具书，认为使用工具书费时费力费事。当然，不论学习使用工具书还是运用工具书都要一定的时间，但"磨刀不误砍柴工"，这种费事却可以得到更大的省事。俗话说："工欲善其事，必先利其器。"工具书就是一种治学的利器，善于利用工具书，可以使你走弯路，这比漫无边际地去查找书籍不知要省多少时间和精力呢。

总之，在学习中，会使用工具书和资料好处很多。除了一般的字典、词典之外，很多学科都有专门的工具书。你一定要多利用工具书。在条件允许的情况下，可以选购几本工具书（包括资料性的）放在书架上，经常查阅。买学科工具书，应听听任课教师的意见。这方面习惯养成了，终身受益。

第10章

学无止境，树立终身学习的理念便成天才

　　"活到老，学到老"这是人们时常挂在嘴边的一句话，这句话对于现代社会的孩子们来说，有着更深一层的意味。要知道，现代社会知识更新换代的速度之快、竞争之激烈，无不告诉你们要保持随时学习的态度，的确，学校里学的东西是十分有限的，在未来工作中和生活中所需要的相当多的知识与技能，都需要你摆正学习态度并付出行动，唯有如此，你才能在未来的竞争中占据优势地位。

学习无止境，你要不断提升自己

在科学技术飞速发展的今天，知识竞争已经成为一个人、一个企业、甚至一个国家能否在竞争中获胜的重要因素。而知识尤其是信息技术的更新速度之快，常常让我们应接不暇，危机每天都会伴随我们左右。

处于成长期的孩子们，你也应该有这种危机意识，为此，你只有从现在起认识到学习的重要性，如饥似渴地去学习、学习、再学习，让学习随时伴你左右，并把学习当成一辈子的事，才能使自己丰富和深刻起来，才能赢得灿烂的明天和成功的未来。要不断进取、发挥才能，否则将被淘汰。

一天，一位教授为自己的学生授课。

即将下课时，教授对学生说："现在离下课还有几分钟，我们来做个小实验室吧。"说完，他拿出一个瓶子，然后将一些拳头大小的石头放进瓶子里，直到石头已经堆到瓶口。此时，他问学生："瓶子满了吗？"

"满了。"所有的学生都回答。

他反问："真的吗？"说完，他拿来一些更小的砾石，将这些砾石都放了进去，这样，瓶内的很多空间都被砾石占满了。

"现在瓶子满了吗？"这一次学生有些明白了，"可能还没有满。"一位学生说道。

"很好！"然后，他再拿来一些细小的沙子，这些沙子也轻松地被装到瓶子里，瓶子已经被填得满满的了。

"那么，现在，满了吗？""没满！"学生们大声说。然后教授拿一壶水倒进玻璃瓶直到水面与瓶口齐平。

这个故事表明，人生在世，我们每个人的内心和头脑就如同这个瓶子，很多时候，我们认为自己获得的知识、技能已经足够多了，而实际上，若我们虚心继续学习，一定是学无止境。同样，成长期的孩子们，只有趁着年轻努力学习，稳扎稳打学好各种知识，然后再从从容容地去休闲去游玩、去消遣。否则，现在就开始忙着吃喝玩乐，不干正事，不务正业，那么，只能"书到用时方恨少""少壮不努力，老大徒伤悲"了。

事实上，在未来社会，任何一个孩子必须要参与到激烈的竞争中，你只有从现在起就树立积极进取和努力学习的意识，才能在未来做自己命运的主人。也许有些孩子会说，现在我的学习成绩很好，各方面都很优秀。但你千万不能停止学习，激烈的竞争要求你不断进步，而求知与不满足是进步的第一必需品。生命有限，维系成功的唯一法门在于终身学习，在新的方向不断探寻、适应以及成长，这样，你将步入新的高度。

要坚定"奋斗不息，学习不止"的信念，日复一日，沿着知识的阶梯步步登高，养成丰富自己、重视学习的习惯。世上

没有绝对的成功，只有不断地努力，才能让你的成功之路走得
更快更远。

这一启示告诉生活中的孩子们，一个人的工作也许有完成
的一天，但一个人的教育却没有终止。那么，怎样才能够做到
终身学习呢？

1.树立终身学习的理念，需要克服"基础差"的误区

可能你会觉得，曾经未好好学习，学习基础差，现在努力
已经晚了。而实际上，学习是没有时间和年龄限制的，只要努
力学习、刻苦自励，从现在开始学习，为时未晚。基础差，可
以查缺补漏，这绝不是拒绝学习的理由。

2.树立终身学习的理念，促使自己增强使命意识和危机
意识

终身学习，是飞速发展的时代向所有人提出的要求。21世
纪是知识经济的年代，高新技术带动生产力突飞猛进，不断改
变着我们的生存环境和生存方式，更需要你们不断提高对新知
识、新科技的掌握能力，以及对新环境、新变化的应对能力。
假如你仅仅满足于在学校学得的那点东西，不注意及时"充
电"，就远远不够了。

3.树立终身学习的理念，积极拓展知识领域，开阔学习
视野

终身学习理念中重要的一点，是要学会不断拓展自己
的学习领域，开拓自己的知识视野。孔子说："好学近乎知

（智）。"树立终身学习的理念，拓展自己的学习领域，开阔自己的知识视野，关键是要培养起学习的兴趣。学习是一种习惯，终身学习则是一种理念，兴趣是成功的一半。一个人树立起终身学习的理念，就会认同"万事皆有可学"这个道理。

知识就是资本，汲取最前沿的知识

人们常说，"知识就是力量""知识就是金钱"，这两句至理名言在当今这个时代更是已经被认可且验证了，最新的统计数字表明，近5年全球新诞生的百万富翁中，80%以上是从事以网络计算机为代表的高科技行业及以风险投资为代表的金融行业，并且大都是30~40岁之间的年轻人。这些年轻有为的成功者都来自我们普通的百姓中间，他们的昨天与芸芸众生一样平凡普通。没有显赫的门庭，没有结交权贵到处钻营，没有凭条子批地皮，没有鲸吞国有资产，没有贪污受贿、巧取豪夺，他们出身平凡，艰苦求学，以知识为资本，创下了骄人的财富与业绩。

过去，人们推崇"勤劳致富"的观念，因为勤劳确实是中华民族的传统美德。勤劳致富，是靠本身、靠实在、靠勤奋、靠诚实，因而值得宣扬和推崇。在经济日益知识化、技术化、全球化和网络化的今天，知识、创新已超过勤劳成为致富的首要条件。

早在1990年，托夫勒就在其《权力的转移》一书中预言："知识"在21世纪必定毫无疑问地成为首位的权力象征。他认为："知识除了可以代替物质、运输和能源之外，还可以省时间；知识在理论上取之不尽，是最终的代替品，它已成为产业的最终资源；知识是21世纪经济增长的关键因素。"在生活中的几乎一切领域，我们都能感受到知识与信息的重要性。

因此，即将成为未来接班人的孩子们，你要明白，无论何时都要保持学习的态势，并且要学习最前沿的知识，唯有如此，才能在未来社会竞争中立于不败之地。

汽车行业是当下热门行业，而投入比正在发生着变化，在20世纪20年代，汽车成本的85%以上是支付给投资者和从事汽车生产的工人们的，而到了90年代，这个比例降低到了60%，其余部分则分给了设计人员、工程师、战略家、金融专家、经理人员、律师、广告商和销售商等这些创新和研究型人才。而到了今天，则发生了更为明显的变化，财富的分配已经明显倾斜到那些以知识为轴心的人群中。以半导体芯片为例，3%归原材料和能源的主人，5%归拥有设备和设施的人，6%归常规工人，85%以上则归从事专门设计、工程服务或拥有相关专利和版权的人。

一边是大量的工人下岗找不到工作，一边却是高级人才的薪资越来越高。显然，知识与才能已开始把握人们的命运，决定人们的财富。现代社会的人际竞争，很大程度上已归结为知识的竞争。有知识者有财富，将成为普遍的规律。

现代社会，面对激烈的竞争，面对瞬息万变的环境，那些内心焦虑的人往往看不清楚真正的自己，也就不能及时察觉自身的缺点，不能用最快的速度修正自己的发展方向，也必然会在学业和事业中落伍，被无情的竞争所淘汰。

据《北京青年报》报道，联想集团实行股份制改革以来，随着集团的发展和其认股权证的分配实施，这一集团的员工很多已成为百万富翁，此外，在以往"联想"内部的效益水平及激励机制基础上，已经产生了一批百万富翁。两者相加，"联想"这架高科技财富机器"制造"出了几百位百万富翁，且这些富翁年纪并不大，平均年龄不超过30岁。

有关专家分析认为，如今企业已经渐渐成为中国社会财富的创造和承载主体，随着各种形式股份制的推行，有知识才能的年轻人将会成为富翁的主流。而创新是企业家的本质特征，是企业家精神的灵魂。从一定意义上说，企业家之所以成为企业家，很大程度上取决于他们的创新精神。企业家的创新精神体现在能够发现一般人无法发现的机会，运用一般人不能运用的资源，找到一般人无法想象的办法。

在目前看来，学科中最前沿的知识，很有可能，在不久的将来就会是行业普遍需要的知识。如果早学习了它们，就会在未来的工作中领先别人，从而获得技术领先的很多好处，例如高工资、更好的工作机会等。

总之，孩子们，你要从小树立与时俱进的学习心态和超前意识，要认识知识学习的重要性，更要提升自己的观察力，进而大大提高自己在未来的竞争力。

即使是第一，也可以做得更好

我们都知道，现代社会对人才的要求越来越高。任何一个成长期的孩子，都必须要有不断学习和不断进步的意识，即使你已经是一名学习成绩优异的学生，你也不能骄傲自满。因为一个人一旦满足于自己目前获得的成就，便失去了继续前进的动力，不再追求更高的目标。而在这个竞争日趋激烈的社会，不前进便意味着后退，就可能被无情地淘汰。一旦你停止前进，便会被别人所赶超。

因此，每个孩子都要记住，即使你是第一，也永远可以做得更好。进取是没有止境的，你永远不要满足于已经得到的，而需要不断地开拓新的领域。

爱因斯坦是家喻户晓的科学家。一次，一位学生问他："老师的知识那么渊博，为何还能做到学而不厌呢？"

爱因斯坦很幽默地解释道："假如把人的已知部分比做一个圆的话，圆外便是人的未知部分，所以说圆越大，他所接触的未知部分就越多。现在，我这个圆比你的圆大，所以，我发现自己尚未掌握的知识自然是比你多，这样的话，我怎么还懈怠得下来呢？"

爱因斯坦让我们明白一个道理：天外有天，人外有人。很多事物的优越性都是相对的，我们所拥有的，永远都微不足道，所以我们没有理由不谦虚。

拿破仑·希尔曾说，进取心是一种极为难得的美德，它能驱使一个人在不被吩咐应该去做什么事之前，就能主动地去做应该做的事。个人进取心是一种激励我们前进的、最有趣而又最神秘的力量，它存在于我们每个人的生命中，就像我们自我保护的本能一样。正是进取心这种永不停息的自我推动力，激励着人们向自己的目标前进。这种内在的推动力从不允许我们"休息"，它总是激励我们为了更好的明天而奋斗。

所有的成就、成功仅代表过去，如果一个人沉迷于以往成功的回忆里，那就永远不能进步。要想不断进步，就要拥有归零的心态。归零的心态就是谦虚的心态，就是重新开始。正如有人所说的，第一次成功相对比较容易，第二次却不容易了，原因是不能归零。只有把成功忘掉，心态归零，才能面对新的挑战。保持归零的心态，才能不断发展，创造新的辉煌。

在成功的道路上要有永不满足的心态。一个阶段的成功要更好地推动下一个阶段的成功。每当实现了一个近期目标，决不要自满，而应该挑战新的目标，争取新的成功。要把原来的成功当成是新的成功的起点，这样才会永远有新的目标，才能不断攀登新的高峰，才能享受到成功者无穷无尽的乐趣。

近几年来，多次登上福布斯中国富豪榜的南存辉在事业上很专一，从事低压电器制造几十年已经做到了亚洲第一，但他还是跟记者说："我还没有做到最好，只有把这块市场做到最好了，我才会考虑做其他的。"

日本直销天王中岛薰说过："我向来认为自己最大的敌人就是满足，成功永远只是起点，而不是终点。"百万富翁想当千万富翁，千万富翁相当亿万富翁，亿万富翁想角逐《财富》排行榜。越成功的人，对成功的欲望越大。成功是一种行为习惯、一种思维习惯，一个成功的人习惯于成功，所以他才成功。

没有进取，社会就无法前进。生命在进取中生息不止，事业在进取中蒸蒸日上，人类在进取中超越自我。不甘于优秀，超越卓越者，我们可以把事情做到最好。"生命不息，奋斗不止"，不应只是成功者的做事原则，也应该成为每个孩子的共识。

总之，孩子们，未来社会，如果你不能积极进取，你就将会被社会淘汰，成为落后者。如遍布地球的恐龙就是难以适应变化的庞然大物，最终灭迹于地球上。人也是一样，如果没有适应环境的本领，情绪将陷入迷茫，生活将会处在一种障碍重重的境界中。

🗿 大胆想象，现在就要积极为未来思考

我们都知道，任何人的行为都是受思想指导的，因此，那些总是能在激烈的竞争大潮中独占鳌头、永争第一的人，也都是有着超前的人生态度：思路开阔、永不止步。一个人的人生态度往往决定了他会向哪个方向走，而他又会向前走多远。如果得过且过，认为"做不到""不可能"，缺乏进取心的话，那么，他的人生只能庸庸碌碌。

态度影响行动，行动影响结果，这是一连串的因果效应。想成功，自然也要有敢于突破的信念，即使失败了又如何呢，大不了重新来过。

处于成长期的孩子们，也要有超前的人生态度，即使你现在还在校学习，即使你的人生才刚刚开始，你也要积极为未来思考，寻找出路，没有什么达不到的目标，你要相信自己，你有资格获得成功与幸福！我们先来看看下面的故事：

从前有位学识渊博的学者，一天，他带着学生们在外游学。

行到途中，他突然问学生："有一种东西，比光的速度还快，甚至能穿越星球，到达很远的地方……这是什么东西？"

"是思想！"学生们都争先恐后地回答。

学者继续问："那么，还有一种东西，速度很慢，甚至比乌龟爬行的速度还要慢，但沧海桑田、斗转星移，它依然是孩童模样，这是什么呢？"

　　此时，学生们都愣了愣，不知道怎么回答了。

　　于是，学者继续问："还有一种东西，不进不退，不生不灭，始终定格在某个点，这又是什么呢？"

　　学生们更是茫然了。

　　此时，学者才缓缓地说："其实，三个东西都是思想，细细看来，更是我们的人生啊。"

　　学者停顿了会儿，然后解释说：

　　"这三种人生是截然不同的，第一种代表的是一种积极奋进的人生，当一个人永远积极向上、奋力向前、对未来充满信心时，他的心灵就是飞速进步的，总有一天能一飞冲天。第二种是懒惰的人生，他甘于现状、落于人后，这种人注定被遗忘。第三种是醉生梦死的人生，当一个人放弃人生，他的命运是冰封的，再也没有机会降临在他身上，所谓的快乐和痛苦，在他那里也就无所谓了。对于他们来说，甚至不存在于现实世界，也不在梦境里……"

　　的确，播种怎样的人生态度，将收获怎样的生命高度和深度。人的一生中，要记住只有积极向前，才能使自己的生命更有意义，态度至关重要。

　　生活中的孩子，如果你也希望在未来有所成就、如果你也渴望成功，渴望获得荣誉，就不妨从现在起，开始为你的目标积极思考吧。不要认为你办不到，不要存有消极的思想，你潜在的能力足以帮助你实现它。

一个人的天赋是上天给的，但一颗积极进取的心，却是任何人都无法给予的。天赋再高，也需要努力和勤奋的积累，否则，智慧会在玩乐中变成愚昧，聪明会在慵懒中变成迟钝，一世英明也会在不思进取中变成千古骂名。永远不要期望你可以不费吹灰之力就坐拥一切，天上永远不会掉下免费的馅饼，要想得到自己想要的一切，就必须靠努力使自己具备相应的素质和能力。

的确，生活中，不少人也充满理想，但一旦把自己的理想和现实联系起来，他们就退却了，就认为不可能。而这种"不可能"，一旦驻扎在心头，就无时无刻不在侵蚀着他们的意志和理想，许多本来能被他们把握的机遇也便在这"不可能"中悄然逝去。其实，这些"不可能"大多是人们的一种想象，只要你能拿出勇气主动出击，那些"不可能"就会变成"可能"。

为此，从现在起，你只需树立积极向上的人生态度，调动你所有的潜能并加以运用，努力提升自己的能力，便能带你脱离平庸的人群，为未来步入精英的行列之中而打好基础！

持之以恒，将优秀塑造成一种习惯

一种行为习惯，是人们成长过程中在很长一段时间内逐渐形成的一种行为倾向。从某种意义上说，"习惯是人生最大的指导"。世界著名心理学家威廉·詹姆斯是这么说的：

播下一个行动，收获一种习惯；

播下一种习惯，收获一种性格；

播下一种性格，收获一种命运！

可见，好的习惯是十分重要的，它可以让人的一生发生重大变化。满身恶习的人，是成不了大气候的，唯有有好习惯的人，才能实现自己的远大目标。这就告诉所有正在成长阶段的孩子们，你若想在未来拥有一个成功的人生，就必须改掉当下存在的一些坏习惯，积累好习惯，久而久之，你就能蜕变成为一个优秀的人。

美国著名数学家维纳，在回忆父亲对他早期学习习惯的严格训练时说："代数对我来说没有什么困难，可父亲的教学方法，使我们精神不得安宁，每个错误都必须纠正。他对我无意中犯的错误，第一次是警告，是一声尖锐而响亮的'什么'，如果我不马上纠正，他会严厉地训斥我一顿，令我'再做一遍'。我曾遇到不止一个能干的人，可是他们到后来一事无成。因为这些人学习松懈，得不到严格纪律的约束。我从父亲那里得到的正是这种严厉的纪律训练。"父亲严格的训练，终于使维纳养成了良好的学习习惯，以后成为誉满全球的科学巨人。

这里，维纳严谨的学习习惯，就是来自他的父亲一点一滴严厉的教导。青少年研究专家孙云晓最近指出："习惯决定孩子的命运。"

我们著名教育家叶圣陶先生也认为，要养成某种好习惯，要随时随地加以注意，身体力行、躬行实践，才能"习惯成自然"，收到相当的效果。因此，生活中的孩子们，你要想蜕变成为一名优秀的成人，就要在日常生活中注意自己的言行习惯，"行成于思毁于随"，良好习惯形成的过程，是严格训练、反复强化的结果。

那么，生活中的人们，你该怎样主动去培养那些成功的习惯呢？

1.变懒惰为勤奋

如果你是个懒惰的人，你不妨做出以下改变：不要天天让家人给你拿碗筷；闲暇时帮家人做点家务；每天整理干净再出门，不要给人邋里邋遢的感觉；学习时，变主动为被动，积极起来……

2.养成读书的习惯

除了你学习的书本知识外，你还应多阅读课外书籍，多读书最大的好处是可以增长知识，陶冶性情，修养身心。

3.让好奇心引导你探求知识

可能你觉得现在的你已经具备了很多知识，但事实真的如此吗？再退一步讲，人生的知识并不只是书本上的，你真的对周围生活以及自然各个方面都了如指掌吗？如果你觉得自己什么都懂，你多半不会是一个谦虚的人，实际上，越是知识渊博的人越是发现自己知道的少，培养好奇心也可以达到同样的效果，越是充满好奇越是对未知充满敬畏，也就越谦虚。

4.勇于创新

骄傲自满，你将很快就被超越。而只有进步才能获得更强的竞争力。然而，没有创新就不可能进步。因此，你应该将自己的求知欲望和求知兴趣激发出来，鼓励自己多动脑、动手、动眼、动口，让自己善于发现问题，提出问题，并尝试用自己的思路去解决问题。

5.要有坚定的决心和持之以恒的毅力

这是老生常谈的话题，但依然重要。那么，如何做到中途不放弃？你要有良好的心态、乐观的精神和自信心。很多人选择目标后又中途放弃，就是因为觉得坚持这么久，没有成果，觉得自己学的没有用。其实，条条大陆通罗马，既然选择了自己的路，就要毫不犹豫地走，一直在原地徘徊，犹豫不决，不知是否该前进，只能让时间白白流走。

当然，任何习惯的改变和形成，都是艰难的，但只要我们经历一段时间，一旦习惯形成后，它就会成为一种自动化的、下意识的行为反应了。任何一个习惯一旦养成，它就是自动化的，如果你不去做反而会感觉很难受，只有做了才会感觉很舒服。因此，关于好习惯的培养，你不妨给自己订一个计划，然后用日程本记下自己执行计划的过程。那么，21天后，你将养成好习惯，坚持21天，你就会成功。坚持21天，就能改变你的意识，影响你的行为，为你带来超乎想象的成功，你又何乐而不为呢？

参考文献

[1]徐银玉.你在为谁读书：诚实的孩子最可爱[M].广州：广东旅游出版社，2018.

[2]尚阳.规划卓越的人生：你在为谁读书[M].武汉：长江文艺出版社，2017.

[3]周舒予.孩子，你是在为自己读书[M].北京：北京理工大学出版社，2016.

[4]赵汇峰.你在为谁读书[M].北京：北京时代华文书局，2015.